少年去旅行

广州

方未艾 著　新开明 编

廣東旅游出版社
GUANGDONG TRAVEL & TOURISM PRESS
悦读书 · 悦旅行 · 悦享人生

中国 · 广州

奇异国的神秘来信

一点都不调皮的皮皮小朋友：

你想成为又酷又帅的科学家，对不对？

但是你胆子特别小，从小爱担忧，对不对？

你计划偷偷学很多知识，下次辩论时一举打败罗宾表哥，我说对了吗？

你一定很好奇我怎么知道你，还知道你各种坏坏的小心思，是不是？

但是我就不告诉你，嘿嘿！

如果你想知道我是谁，就来找我呀！

以下是我的地址：

广州·梦中　　北京·天上　　西安·地下

暂时就这几个吧！其他地盘我还没有去开辟——实在太忙了呀！像你这样的小朋友都快把我忙坏了！

你最神秘的朋友

写于广州最高处

注意，你有以下

大麻烦！！

先回答29道题！

再接受你的专属挑战！

如果你闯关成功……

你就是……

皮皮 小行者

性格谨慎，看起来总是在担忧各种事情，实际上很喜欢研究，希望将来成为科学家。

罗宾 大行者

皮皮的大表哥，在英国读书。喜欢绅士文化，特别热衷当文化交流使者。

小羊精灵

小羊国派驻花城的羊。灵巧、可爱，是皮皮“晋级”的关键。

目录

contents

晋级啦!

误入小羊国

刮台风的地方

“我们真的要去广州？”皮皮好像有点担心，“我有一种不真实的感觉……”

“那你不去，”大果爸爸满不在乎，“在家守猫，要不要？”

“要去要去！要看大船，要去探秘！”皮皮赶紧声明。

“快准备好自己的行李，”小叶妈妈走过来指指点点，“我会一一检查，但不会帮你们收拾的，我发誓。”

“知道了，妈妈。”皮皮放进了一条毛巾，又想起一个问题，“广州在南海上，对不对？”

“广州不在南海上，广州在珠江边……”

“那我们要坐船？会不会晕船？”皮皮老是放不下心。

“皮皮，”小叶妈妈拍了下皮皮的肩膀，“不要担心，你可是个男子汉！”

你说 问题 编号001

广州在哪儿？

答案一：在经常刮台风的那个地方。

答案二：在什么都能吃的那个地方。

我来告诉你吧

■ 如果你家在东北哈尔滨，那么你只需要走3370公里，开车开上三天三夜，或者坐火车两天一夜，就可以到达啦！

■ 如果你家在成都，那么你只需往东南一直走一直走……最后就会到达啦！

确定不是在耍我？

“爸爸，爸爸！广州是热带城市吗？我们会不会晒成黑皮肤？”

“晒黑点好，”大果爸爸毫不在乎，“广州是亚热带沿海城市，又潮湿又炎热……”

“潮湿！炎热！”

“还有回南天！还刮台风！经常下暴雨！”

“我们这是要去魔幻世界？天啊！”皮皮一阵惊一阵喜，“快想想，该准备些什么才好？”

“准备一颗好奇的心，还有分辨错误信息的能力，”小叶妈妈扫了大果爸爸一眼，“春天才有回南天，现在是夏天了！”身为见多识广的老师，她脑子里好像装着地球上所有知识，“夏天确实有台风，也经常下暴雨，但广州人对付魔幻天气有经验！他们能活下来，我们难道不能去旅行？”

“可我们不是广州人啊！”皮皮担忧地说。

“你可是个男子汉！”大果爸爸大笑。

“这是我第一次去广州嘛！”皮皮拿起自己的牙刷，小心地装进包里，“第一次去旅行，太希望有大大的收获啦！”

“别说了，你从小就爱杞人忧天！”大果爸爸毫不客气地笑了。

“那你从小都缺根筋！”小叶妈妈也毫不客气。

◆ 每年3—4月，中国南海的暖湿气流吹来，碰上南下的冷空气，在岭南形成了“准静止锋”，天气阴晴不定，十分潮湿，还会有小雨、大雾，这就是“回南天”。

我来告诉你吧

◆ 如果你在春天的时候来广州，早上起来发现外面一片茫茫雾海，墙壁冒水，窗户好像在流泪，千万不要惊呆。这是华南地区臭名远播的“回南天”，会让整个广州变得湿漉漉的，还会让物品受潮发霉。

你说

问题 编号002

皮皮能收获什么？

答案一： 小胖子的身材。

答案二： 经商致富的人生梦想。

哪个神话更重要

“南方有一个地方，从来不闹饥荒，而且满城开花……”刚迈出高铁的门，一只小羊精灵就跳出来迎客。

“我知道！”大果爸爸马上抢答，“花城！”

“不对！”小羊精灵摇了摇头。

“怎么不对？”大果爸爸困惑地挠着头，“明明就是这里！”

“爸爸，这里是广州！”皮皮赶紧说道。

“广州的小名就叫作花城呀，”大果爸爸不服气地扬了扬手里的书，“这里写着呢！西周时期，穿五色衣的五个仙人骑着五色羊，羊嘴里叼着谷穗，来到了这个荒芜的地方。五位大仙祝福这

我来告诉你吧

◆ 广州的小名叫“五羊城”，昵称叫“花城”，最有韵味的古名叫“楚庭”，是3000年前的周朝时期，楚国和南越人民交往的纪念。现在到处都是五羊标志，只有越秀公园里面有个牌坊的背面留着“古之楚庭”的记录。

儿庄稼生长，永无饥荒。从此之后，这里就成了一块宝地，花儿四季常开，果子甜到心中……”

“说得不错，”小羊精灵睁大了眼睛，“现在知道答案了吧？”

“知道了！”皮皮连忙回答，“羊城！”

“答对了！”小羊精灵举起爪子，爪子上抓着一把金灿灿的谷穗，“我代表羊城宣布，你是这个假期的‘小行者’，请接受我们的信物！”

皮皮伸出手去，一束金色稻穗落在了他掌心。

“接下来小羊精灵会担任你的接待人，”小羊精灵的声音脆脆地说道，“但是……你有五堂课要先上！”

“什么课？”皮皮吓了一跳。现在可是暑假，怎么还有课要上？

“以后你就知道啦！”小羊精灵脸上浮现出了神秘的微笑。

“皮皮！皮皮！”妈妈的声音忽然传来，“快醒来，我们快到广州了！”

“妈妈，”皮皮睁开了眼睛，“我睡着了，做了个很好玩的梦……”

“我听见你笑了，”大果爸爸放下手里的书，“你在笑什么？”

“笑你啊！”皮皮忍不住哈哈大笑，“你刚跟我讲了五羊传说，我就睡着了，所以梦见你又讲了一遍。”

“这说明，五羊传说是个很不错的传说。”大果爸爸得意扬扬。

“不对，我有个更精彩的传说！”小叶妈妈马上说道，“而且更重要！”

“什么传说更重要？”大果爸爸一脸不以为然，“国家宝藏？”

“还真让你说对了！不过这个宝藏在水里。”

“快告诉我！”皮皮连忙催促。

“唐代的时候，”小叶妈妈笑眯眯地讲道，“有个商人从遥远的波斯乘船来到了广州。他不知从哪儿打听到广州有颗镇国宝珠，于是花了10万重金购买。得手之后，商人欣喜若狂，他怕夜长梦多，立刻搭上一艘船要赶回波斯。这波斯商人实在太兴奋了，在船上时把宝珠捧出来看了又看。谁知江上忽然来了阵狂风，掀起滔天巨浪，一下把他的宝珠卷入了江底……”

“啊！”皮皮惊叹一声，“宝珠落入江底？还能捞起来吗？”

“不，宝珠变成了一块巨石，叫作海珠石，那条江从此就叫珠江……”

你说

问题 编号003

波斯商人怎么会有10万两银子？

答案一： 从中国人身上赚到的。

答案二： 中外做生意就是好赚钱哇。

答案三： 是不是外国富二代、贵族、王子……

“珠江！”皮皮又惊又喜，“这么说，珠江里有海珠石，是颗镇国宝珠变的？”

“不可能！”大果爸爸马上说，“广州又不是国，怎么会有镇国宝珠？”

“广州曾经有国！”小叶妈妈提高声音。

我来告诉你吧

◆ 珠江发源于云贵高原，流到广州后碰到三个礁石岛，名字叫海珠石、海印石和浮丘石，又从八个口注入大海，叫作珠江八门。怎么样，广州人起名字有创意吧？

◆ 海珠石原先是在江心，后来跟北岸相连，再后来又被埋在了地下。

“有国？”小羊精灵有点惊讶，“我想想……难道叫南国？我们有南国书香节哦。”

“不对，”皮皮马上回答，“爸爸说过，四川以前就有个南国，也叫南充国，只存在了很短时间。广州不可能又有个南国吧？”

“那我就不知道了，”小羊精灵说道，“反正这里是羊城——我们的城！”

“皮皮，”妈妈的声音忽然传来，“你怎么又睡着了？快出地铁了。”

“妈妈！”皮皮忽然想起一个问题，“我们还没讨论出结果，到底哪个神话更重要？”

“那要问广州人咯。”妈妈笑答。

“问广州羊也可以嘛！”小羊精灵有点委屈，“我们懂很多的。”

“可是，”皮皮有点犹豫，“问一只羊……还是算了吧。”

小羊精灵腾起了后腿，睁大了眼睛，一副气鼓鼓的样子。

“但我有个更重要的问题，”皮皮连忙说道，“镇国宝珠就在珠江里，怎么才能把它找到？”

“找镇国宝珠？”小羊精灵站稳了脚，“一颗宝珠不可能一直待在水里同一个地方，对不对？它会从越秀区跑到海珠区，从海珠区跑到天河区，从天河区跑到番禺区，从番禺区跑到南沙区，然后跑进南海……”

“你是说，它在南海？

“我可没说。”小羊精灵瞪了他一眼，“自古以来的说法……”

“原来羊们也有自古以来……”皮皮忍不住大笑。

小羊精灵又狠狠地瞪了他一眼，皮皮赶紧停住大笑。

“自古以来的说法是，它变成了一颗巨石，就是海珠石……”

“这么说它还在原来的地方？”

“不，”小羊精灵抬起了一只爪子，在空中做了个否定的“爪势”，“没有实地考证过就下结论，这不是广州羊的作风，连小孩子都知道。”

“小孩子都知道广州羊？”皮皮十分惊诧，“他们见过你？”

“当然，”小羊精灵十分得意，“我会让可爱的孩子看到我。”

“我不信！”听说自己不是第一个发现广州羊的孩子，这让皮皮有点不开心。

“那我们去看看咯。”

小羊精灵话音刚落，皮皮又被妈妈摇醒了。

“妈妈！”皮皮有点不高兴，“你干吗又打断我的梦？小羊精灵……”

“今天有最神秘的课程，”妈妈兴奋地打断了他的话，“快起来，我们马上就出发！”

“什么课？”皮皮惊慌地问，“我们不是来旅行的吗？”

“是旅行没错！”小叶妈妈十分兴奋，“但这次你要旅行去民国！”

“什么？”皮皮更加惊慌了。

你说

问题 编号004

哪个神话更重要？

答案一： 五羊传说。

恭喜你，你是个喜欢神话、热爱历史，有崇高使命感的孩子。你平时一定很有责任感，而且对营造美的环境很有想法。（话说，你觉得穿五色衣骑五色羊的仙人们审美怎么样？）

答案二： 海珠石传说。

恭喜你，你是个喜欢冒险，很有探索精神的孩子。你平时一定精力充沛，有各种稀奇古怪的想法，还能想出绝妙的主意。（现在问题来了：掉到江里的宝珠，为什么称为海珠而不是江珠？）

小羊精灵的神秘课

穿越去当
百万富翁

世界首富的对手

“大家好，欢迎参加我们的神秘之旅！”一位长着可爱圆脸的老师笑道，“我们即将穿越时光，回到 200 年前，成为丝绸之路上的商人。大家准备好了吗？”

“穿越？”皮皮赶紧往外看去，发现许多父母特别兴奋地围在外头，就像要“穿越时光”的是他们自己。

“救命的饮用水带了吗？提供生命能量的午餐食物呢？还有指引你在 200 年前生存的《探索手册》？”老师一连提了好几个问题，“检查好探索背包，把穿越通行证拿在手上，我们马上出发！”

皮皮赶紧把“穿越通行证”取出来看了一下，差点笑出声来，原来是一张地铁票。

“现在，你们可以自由选择自己的事业。可以单打独斗，也可以组团。不过我建议你们组团，因为你们的对手很强大！”老师忽然出现在了皮皮身旁，把皮皮吓了一跳，“第一位：伍秉鉴，广州的世界首富，财产比当时美国最有钱的人多3倍……”

“世界首富？”皮皮担忧地插话，“这么说，世界首富是我们的对手？我们要挑战他？”

“正是！”老师眼中放射出兴奋的光，好像有什么擂台赛即将上演似的，“他就是广州十三行的商人，知道什么是十三行吗？”

“清末专门做对外贸易的垄断机构！”一个孩子回答，“也叫洋行、洋货行。”

“答对！你们要扮演的角色就是广州十三行的商人，或者前来贸易的外商。所以，你们和首富是商业对手。”

“不对！”一个小孩举手反对，“也可以是商业伙伴！”

“很好，”老师走向了那位小朋友，“那你一定知道伍秉鉴经营什么了吧？”

“这个……”

“他家的商行叫怡和行，商名是浩官……”皮皮连忙查看《探索手册》，手册上不单有当时的背景介绍，还注明：如果你答对了一道题，可以拿到一笔“启动资金”。

“他做的是中西贸易，主要经营丝织品、茶叶和瓷器。”隔壁组一个男孩抢答。

“他最重要的客户是英国人！”

“他是英国东印度公司最大的债权人！”

“什么是债权人？”旁边的小女孩好奇地问皮皮。

“就是……就是……”皮皮摸了摸头，手册上可没写这个。

“就是东印度公司欠了他很多钱。”一个名叫阿立的大孩子开口了，“做生意最怕资金周转不灵，东印度公司一出现这种情况，就经常跟他借钱。”

“我们也资金周转不灵，快想办法！”皮皮着急了。

我来告诉你吧

- 英国东印度公司是历史上一家非常有名的公司，创立于1600年，还拿到了英国女王伊丽莎白一世授予的皇家特许状。它是当时印度的实际主宰者，不仅进行经济贸易，还拥有雇佣军。
- 十三行商人都有一个自己的商名，伍秉鉴的商名就叫浩官。

你说 问题 编号005

没钱又想做生意怎么办？

答案一： 借钱。

答案二： 空手套白狼。

答案三： 祈求上天降福吧。

“不怕，我有启动资金了！”阿立一手搭到皮皮肩上，“兄弟，跟我走，咱们组一队！”

“还有我！”皮皮旁边的小女孩连忙叫起来。

“阿立，我们需要更多成员。”皮皮忙说。

“我叫小美！”

“没问题，一起来！”阿立是个爽快人，“先定个组名吧！”

皮皮家在岷江旁，小女孩家在湘江旁，广州小伙伴阿立家在珠江旁，所以他们的组叫作“三川组”。

在“做什么生意”这个问题上，皮皮和小美一时没有什么主意。

“咱们当茶叶商吧！我知道哪儿能采购到茶叶，价格还公道！”

“茶叶、瓷器和丝绸确实都是丝绸之路上的重要货物，”皮皮谨慎地思考起来，“外国人从中国进口一磅茶叶是2先令，拿到英国去卖，却能卖14先令……”

“那是他们赚钱，不是我们吧。”小美困惑地说。

“没错，但这说明他们喜欢这种生意，茶叶会很有销路。其实，咱们还可以反过来做中国人的生意。”

“怎么说？”皮皮惊奇地问。

“十三行的丝行把丝绸卖给洋人，布行却买回洋布洋棉，卖给中国百姓。那时候家家户户都买呢！因为性价比高。不过我还是选择茶叶。”

“茶叶是抢手货，”皮皮仔细地研究起资料，“据说为了争夺武夷山乌龙茶为首的对华商品贸易权，英国制定了《茶叶法》，《茶叶法》引发美国独立战争……呀！”皮皮抬起头来，“十三行的茶叶决定了美国的独立命运！”

“又有货源，又有客户，又有利润，就它了！”阿立当机立断。

“可是我担心它太热门了，”皮皮的小毛病又犯了，“竞争组会特别多。它的优点也就是它的缺点……”

“看！那是什么！”小美忽然叫了起来，“公园！”眼前确实是一座公园，但皮皮知道没有那么简单。果然往前走了一会儿，大家便来到一座仿古建筑前，只见门上写着“粤海第一关”。

“粤海第一关是什么？”小美惊奇地托着腮帮。

“黄埔古港你们听说过吧？”阿立问道。

“我知道，”皮皮回答，“从宋朝开始，黄埔古港就是海上丝绸之路的始发港，黄埔村是中外贸易的重要据点。”

“那你知不知道黄埔古港不在黄埔村？”

“什么？”小美比皮皮更惊诧。

“黄埔古港现在不在黄埔村，而是属于旁边的石基村！”阿立兴奋地说道，“而黄埔村不在黄埔区，在海珠区！”

你说 问题 编号006

三川组要经营什么才能胜出？

答案一：做牙商，到市场中为买卖双方说合。著名的广东十三行，原本就是经营进出口贸易的十三家牙行商人组成（后来一般是几十家，也有时候只剩四家）。他们经营的范围可广了，而且连跨国企业都有，比如伍秉鉴就有个跨国财团。

答案二：发展服务业。十三行的牙商从货物买卖到日常起居，事无巨细都管，这样不科学，可以按照现代分工，专门成立一个接待机构，一定很好赚！

答案三：专门给十三行提供电商服务（好像穿越了……）。

“阿立哥哥，你把我绕晕了，我们现在在哪儿？”小美彻底糊涂了。

“我们在石基村，”老师的声音传来，“这一片是黄埔古港景观区，旁边就是黄埔古村了，有展览馆、文化街、祠堂……提醒大家一下哦，这里有海上丝绸之路的贸易密码！各个角落里还藏着通商贸易的小秘密，就看大家能发现什么了！”

“阿立哥哥，我们能发现什么？”小美天真地转向阿立。

“我们能在这里找到 200 年前做生意的诀窍，”阿立看了看小美，耐心地解释，“当时所有外国商船都需要经由黄埔古港进出，不能在珠江边随便停泊。也就是说，我们能在这里找到最好的商业伙伴。”

“我明白了！”皮皮醒悟过来。

我来告诉你吧

- 设定探索任务，让孩子们通过观察、分析，创造性地解决问题，是现在很流行的研学旅行活动模式哦！孩子们来到广州，可以探索丝绸之路、粤菜制作等等，可有趣了。
- 广州有很多孩子会经常参加各种活动，比如自然观察、艺术创作、博物馆课程等，会碰到很多有趣的事呢。

十三行
陶瓷
絲綢
涼茶

“阿立，”皮皮忽然想起一个问题，“我们最好研究一下，十三行商人们都是靠什么发家的，比如他们的经营范围……”

“说得对！”阿立非常赞同，“我想想……伍秉鉴是个善于投资的人，曾到美国投资铁路、证券、保险业……”

“但他也在国内购买田产、宅院、茶园、店铺，”皮皮仔细翻看着文献资料，“就是说，他不但是个善于跟外商打交道的牙人，还有上游产业……”

“一条龙服务？”

“我们的目光要国际化！”

“不不！”皮皮连忙说道，“太冒进了，我们应该关注他在国内怎么起步……”

“先去十三行博物馆！”阿立做事雷厉风行。

“阿立哥哥、皮皮哥哥，”小美一边跟着走一边期待地问，“十三行现在还很厉害吧？”

“早就不在啦！”阿立转头回答，“从 260 年前开始，十三行轰轰烈烈地持续了不到 100 年，就随着鸦片战争结束了。广东曾经有个叫屈大均的人写诗说‘洋船争出是官商，十字门开向三洋。五丝八丝广缎好，银钱堆满十三行’，据说十三行存在的那几十年里，皇帝和王宫大臣要什么就来跟它拿，它给皇家提供的珍奇宝贝，数不胜数！”

“阿立，”皮皮郑重起来，“我有个困惑。260 年前不是闭关锁国吗？”

“就是因为闭关锁国，只指定一些机构对外合作，十三行刚好就是这样一个机构，所以生意特别好呀！那时候来广州做生意的外国人可多了！”

“一口通商，丝绸之路的中国站只剩下广州在开放，也难怪它那么兴盛了……”皮皮若有所思。

“但是这种情况注定不能持续。”老师的圆脸忽然在皮皮肩膀上探出来。

“为什么不能持续？”皮皮连忙转头问道。

“那时候算是我们自己打开了一个窗口，”阿立回答皮皮的问题，“可是再到后来，越来越多的地方被迫开放了。在开放的城市中，广州仍是非常重要的一个。”

正在此时，小美在几步外兴奋地招手：“阿立哥哥、皮皮哥哥，快来看这些画，画的是外国人哦！”

我来告诉你吧

◆清朝时期，广州十三行是西洋人走向京城的桥梁，他们会在这儿休整、学习。

◆十三行早已没落，现在那里主要是服装批发市场。你可以去十三行博物馆瞧瞧，说不定能发现丝绸之路上的商业秘密哦！

“这是外销画，”阿立走了过去，“当时很多外国人来到中国，上岸后想要一幅画像寄回家乡，于是外销画家就会给他们画肖像。除了外销画，还有外销扇、外销瓷……其实定制外销的活儿一早就有了，广州很早就会根据欧洲人提供的画稿，把白瓷胎加工成彩瓷，烧造出来，再交给外商。”

皮皮也走了过去，仔细打量着眼前的工艺品。广州彩瓷、通草画、广绣、象牙、银器……还有画着中国庭院和人物的外销扇，他第一次见到这种东西，十分好奇。

“外销画也是门生意。”阿立的声音出现在耳旁，他看上去若有所思，“可惜只是廉价工艺，销路不大，我们不能选择这个。”

“为什么这样讲？”皮皮有点惊诧。

你说

问题 编号007

如果是你，你打算做什么生意？

答案一： 茶叶、丝绸、瓷器、药材、玉器……随便挑一个啦，反正有“外贸垄断权”，赚钱妥妥的！

答案二： 广州美食多，开个酒楼最好啦！一不小心还变成百年酒楼！

“爸爸告诉我的。”阿立回答，“当时外销画中国人并不喜欢，只有外国人需要，所以外销画家竞争也很激烈，拼命压低价格。为了满足外国人的猎奇心理，他们会画一些根本不存在的事情，比如酷刑……”

“好可怕！”小美一阵发抖，“阿立哥哥，我们不要做这个！”

“也有一些精美可爱的外销画，”皮皮连忙补充，“可怕的是少数。”

“对！不过，”阿立坚定地说，“我们要卖给外国人真正有中国特色的东西。”

“赞成，问题是……”

“我们要不要扮演外国商人？”小美忽然脑洞大开，“外国商人会有什么待遇？”

“为什么不从广州羊入手？”小羊精灵再次委屈地出现了，“广州羊多可爱，就像美国的那个什么女神像一样是重要标志嘛。”

“可是，”皮皮眨巴着眼睛，“广州羊能帮我们赚钱吗？我们快要输掉这个挑战了。”

我来告诉你吧

◆ 十三行兴盛的时候，广州有一门特殊的生意——外销画。外销画家的名字都会带个“呱”字，比如有名的蒲呱、林呱等等。

◆ 当时十三行商人都有个商名，后面会加个“官”字。外销画家也想这么干，但他们地位较低，不敢称“官”，就用了个“呱”字。这样一来，跟外国人打交道听起来身份高一点，因为“官”“呱”在英文中都写作 qua！

“不会输，”小羊精灵兴致勃勃地说道，“你可以把广州羊打造成文化名片，现在叫啥……想起来了，IP！”

“广州羊IP？”皮皮若有所思。

“总比画乱七八糟的酷刑好！”

好像说得有点道理。可是，广州羊能变成一个IP吗？除了广州羊，还有什么IP？粤菜？珠江？长隆？

我来告诉你吧

IP是Intellectual Property的缩写，也就是“知识产权”，比如西游记就是一个超级IP，用这个IP可以做很多产品出来，《大圣归来》《大话西游》都是很好的例子。

你说

问题 编号008

你认为怎么做才能把广州羊变成一个IP？

答案一： 我要是知道，我就去当广州羊的经纪人了。

答案二： 广州羊？它本来就是个IP，只不过……还没有去挖掘，嘻嘻。

你说

问题 编号009

广州还有什么IP？

地下有宝贝?

“皮皮！”小叶妈妈一脸期待地问，“怎么样？穿越之旅好玩吧？是不是很刺激？是不是很有收获？”

“好玩！刺激！”皮皮回答，“收获了一次败仗！拜托下次提早告诉我，我一点准备都没有……”

“那有什么关系？”小叶妈妈嘿嘿大笑，“要的就是出其不意！”

“我们输了第一轮了！”

“那有什么关系？”大果爸爸满不在乎，“输了怎样？赢了又怎样？”

“输了没面子，赢了有面子。”

“小小年纪，要什么面子？”大果爸爸哈哈大笑。

“小孩子也有自尊心的！”皮皮辩解了一句，转移了话题，“广州人连小孩子都会做生意，我真的很担忧。”

“你可是个男子汉！”小叶妈妈笑了。

“我发现一件怪事！”皮皮忽然想起了什么好笑的事，“那个神秘老师的行动跟妈妈一模一样，我还以为她是妈妈变装的呢！”

“你妈妈？”小羊精灵用爪子托起“羊腮”，认真地思索了一会儿，“不太可能，这不合常理。”

“最不合常理的，好像是你的存在。”皮皮嘀咕了一声。

“你在说什么？”小羊精灵好奇地问，“是在说我的坏话吗？”

“当然不是！”皮皮赶紧否认，“你是我做过的最好的美梦。”

“我当然是！”小羊精灵得意扬扬，“我有没有跟你讲过，我出现在哪儿，哪儿就能实现美梦！”

小羊精灵越说越开心，完全没有意识到自己泄露了“天机”。皮皮灵机一动，连忙大声说道：“我要赚钱！我要成为百万富翁，快帮我实现这个美梦！”

“皮皮！皮皮！”小叶妈妈一边忍住大笑，一边把他摇醒，“你是不是魔怔了，做梦都想着要当百万富翁？”

“啊！”皮皮不好意思地揉着眼睛，“我一直在想，要怎么才能在下次的生意课中赚到钱，想得太投入了。”

“别担心！”大果爸爸拍了拍他的肩膀，“咱们这就去他们发财的地方看看。”

“哪儿？！”

“北京路？这是去北京的路？”皮皮看着热闹的街道，脸上满是惊喜，“那这条路应该有十万八千里长！真神奇啊！我觉得它一定像天梯一样，而且还经过丘陵、山岭、江湖、平原，最后才到达北京！”

“错了！”小叶妈妈摇头笑道，“不过我喜欢你的创意，以后我们可以考虑……”

“我们来设计这样的路吗？”

“你们是谁？”大果爸爸警惕起来。

“啊！我们跑题了！”小叶妈妈叫了一声，“刚才说到什么？”

“说到北京路有十万八千里长。”皮皮回答。

“实际上它只有1400多米。”

“但来这儿的人真多。”

“每天有好几十万！”

“大家到这儿来干什么？”

“买买买，然后吃吃吃……”

“那什么时候发财？”皮皮困惑地问。

“别着急，”小叶妈妈瞧着熙熙攘攘的人群，神秘地笑道，“有人的地方就有生意，这个道理谁不懂？”

“我！”大果爸爸举手。

“北京路曾经叫双门底？”

“没错，这个名字有个故事！”小叶妈妈兴奋起来，“据说曾经有两位官阶级别一模一样的官员一起来治理广州，按习惯一个官员从一个城门通过，但现在同时来了两位，可怎么办？大家想了个好办法：在城楼里开两个门。”

“你确定——”皮皮惊呆了，“这是个好主意？”

“其实还有一个说法，”小叶妈妈笑道，“这里原本有座高楼，叫作拱北楼。拱北楼有双门拱，所以街名叫双门底。拱北楼上曾经有一座元代的铜漏壶，据说它‘百年不爽’，也就是计时一百年都没有任何差错！”

北京路以前叫作双门底，官员们从天字码头登陆入城，一定要经过北京路，因为这是从天字码头直通城南的主干道。当时衙门和官僚们的住宅也都在附近。所以，北京路一带一向是广州的中心哦！

我来告诉你吧

◆拱北楼建于唐朝，俗称“清海军楼”（唐朝时岭南曾经划分为岭南东道和岭南西道，唐昭宗时岭南东道被赐号“清海军”）。为了扩建马路，拱北楼后来被拆掉了。

◆元代铜壶漏是中国现存最大、最完整的古代计时器，报时非常准确。自从元代起，有专人在楼上负责打更报时，拱北楼的报更钟声陪伴过广州人数百年。

“妙！奇妙！”往北京路两旁走的时候，大果爸爸忽然激动起来，“在这里逛街不会淋到雨！”

皮皮抬头看了看。

“爸爸，你是不是傻了？我们在长廊下走着，当然不会淋到雨呀！”

“你们真是孤陋寡闻，这叫骑楼。”小叶妈妈的声音响起，“骑楼上面是居住的楼房，下面是长廊，有的长廊长达几百上千米……”

“那就应该改名叫廊街。”皮皮说道。

“说对了！它们就是南国商街。”

大果爸爸偷偷拿出了旅行手册。

“200 年前，有个叫托马斯·斯坦福·莱佛士的英国人到达新加坡，新建了一个新加坡城，还兴起了一种叫作‘店屋’的建筑。后来中国人下南洋，看到了这种建筑，回来后就在家乡仿造，叫作骑楼。”

“原来是舶来品。”皮皮笑道。

“这叫文化交流！”

外贸
衣

我来告诉你吧

◆ 骑楼是商住建筑，楼上是住宅，楼下是商店。广州的骑楼建筑集中在第十甫路、上下九路、中山路、解放路、人民南路、一德路等商业街道，是很特别的街景。

◆ 广州的气候潮湿炎热，容易上火，所以当地人有事没事就要喝凉茶。

“凉茶铺！”皮皮看到了特别的东西。

“广东凉茶能解暑，我们快点入乡随俗！”大果爸爸赶紧说。

“现在就去买凉茶！”

“我更喜欢糖水。”皮皮回答。

“糖水！”大果爸爸连忙附和。

“这里谁说了算？”小叶妈妈又起了腰。

喝着苦苦的癍痧凉茶，皮皮东张西望，发现了一个奇怪现象。

“那些人围在一起干什么？”他爱担忧的毛病又犯了，“发生了什么事？”

“他们只是在看千年古道。”小叶妈妈回答，“从这里开始，隔着地面上的玻璃，可以看见下面的千年古道……”

“走了一千年的古道？”

“一千年都不止！”大果爸爸抢答，“几年前，人们打算翻修北京路，结果挖着挖着，竟挖到了很多石条和古城墙砖，这才知道繁荣的北京路地下竟然有文物！最后他们挖出了一共 5 个朝代的 11 层路面！”

“地下是文物，地上是商业街，”皮皮忽然想起了什么问题，担忧地问，“那是商业街重要，还是文物重要？他们必须放弃一个，对吗？”

“你操的心也太多了吧！”大果爸爸是个“乐观派”，忍不住哈哈大笑，“放不放弃，是广州人的事儿……”

“错！”小叶妈妈犀利地打断了他的话，“文物属于国家，是全部中国人的共同财富，也是全人类的共同遗产。”

“多谢老师指教！”大果爸爸故意鞠了个躬，赶紧念起手册来，“原来，北京路这里是广州历史上最早建城的位置，从古至今有秦朝时的番禺城遗址、秦汉的造船工地遗址、西汉的南越国宫署遗址、唐朝的清海军楼遗址、南汉的御花园、明朝的大佛寺和城隍庙、明清的大南门遗址、清朝的庐江书院……”

“爸爸，”皮皮满脑子都混乱了，“你不要念手册！快告诉我，咱们能看到什么？千年古道里有做生意的秘籍吗？像武功秘籍那样？”

“我看看……”大果爸爸连忙往后翻，“如果有秘籍，应该有神秘地图，或者一些神秘传说……”

“想哪儿去了呢！”小叶妈妈一把夺过手册，“怎么会有做生意的秘籍？想窥探古人的商业秘密？——快跟我来！”

前人干的
事儿

两个好朋友

大果爸爸翻完了旅行手册，还是忍不住要吐槽：“看来广州只有商业，没有历史！西安才有历史，我们快去西安！”

“广州在公元前 214 年就建城了，怎么没有历史？“小叶妈妈毫不让步，“也就是说，秦始皇还在的时候，广州就是个城市了！”

大果爸爸赶紧翻了翻史书，可是找了半天，也没在秦朝的历史上找到“广州”两个字。

“爸爸，”皮皮灵机一动，“以前说不定不叫‘广州’，很多城市古时候都叫别的名字。”

“聪明，”小叶妈妈脸上闪过笑意，“友情提示：广州最早建城的时候叫‘任嚣城’。”

“任嚣城？‘任我嚣张的城市’？这个名字好！”大果爸爸激动地点评，“有侠气！”

“爸爸，我觉得没有那么简单……”

“是吗？”大果爸爸连忙搜索“仁嚣城”，很快哈哈大笑起来，“还好还好，一样一样……”

“什么跟什么一样？”

“差的不是一星半点！”小叶妈妈说道，“仁嚣不是侠士，是个武将！他是秦始皇的将领，和好朋友赵佗一起打下了广州，哦，不，那时候大家都把这片地方叫作南越……”

“怎么又冒出来个南越？”

“南越王！”大果爸爸赶紧说，“我猜南越王就是任嚣！”

“错得离谱！”小叶妈妈再次否定，“任嚣不是南越王，他的好朋友才是南越王！”

“赵佗？”

我来告诉你吧

◆ 其实“任嚣城”是个小名，那时候广州的正式名字叫“番禺城”。任嚣城只有 0.4 平方公里，建在番山和禺山上，后来赵佗才把它扩大了。

◆ 在 1000 年左右的时间里，广州城一直很小，到了宋朝还曾经连像样的城墙都没有，结果引来了大批海盗。后来宋朝修子城、外城，形成“宋三城”，据说建城难度极大，能建成简直是个奇迹呢。

你说

问题 编号 010

假设你在公元前某一年征服了岭南，你会做什么？

答案一： 上书给皇帝，赶紧从中原迁 50 万居民来。这里土地肥沃，适合居住！

答案二： 岭南这么大，北边又有南岭做屏障，适合当山大王！

答案三： 离老家太远了！请把我调回故乡！

翻开历史书，看看谁跟你做了同样选择吧。

“没错！最早的南越王就是赵佗。他不仅称王，还自称‘武帝’，建立了南越国。”

“那任嚣去哪了？”

“去世了。公元前206年，秦朝灭亡，远在岭南的任嚣正生着病，听到这个消息后病情加重，不久就去世了。临终之前，他嘱咐好朋友赵佗割据岭南，自立为王。赵佗就是听从了他的建议，才建立了南越国。”

“那南越国就是现在的广州吗？”皮皮连忙问。

“当然不止广州，而是整个岭南都被赵佗征服了。南越国的都城就是现在的广州。”

大果爸爸翻开了广州地图，说道：“我明白了，待会儿我们要去西汉南越王博物馆，就能见到赵佗了。”

小叶妈妈笑得差点喘不过气来。

“又哪儿错了吗？”大果爸爸很疑惑。

◆ 南越王墓的墓主其实是赵佗的孙子，名叫赵眜，他是南越国的第二代王，也就是“文帝”。现在西汉南越王博物馆里有枚帝印，叫作“文帝行玺”金印。南越王曾经称帝，但他们十分仰慕中原文化，建的宫殿都要仿照汉朝的京城长安。

◆ 南越国存在 93 年，有过 5 位君主，后来被雄才大略的汉武帝派兵征服。从南越国开始，岭南才开始摆脱“南蛮”的身份，中原文化源源不断地传入这片土地。

◆ 任嚣是个传奇人物，但任嚣墓隐没在广州闹市中，很少人发现。如果你想去看看，就去解放北路的迎宾馆里找找吧。

“文帝行玺”金印

听说我的主人是一位帝王？！

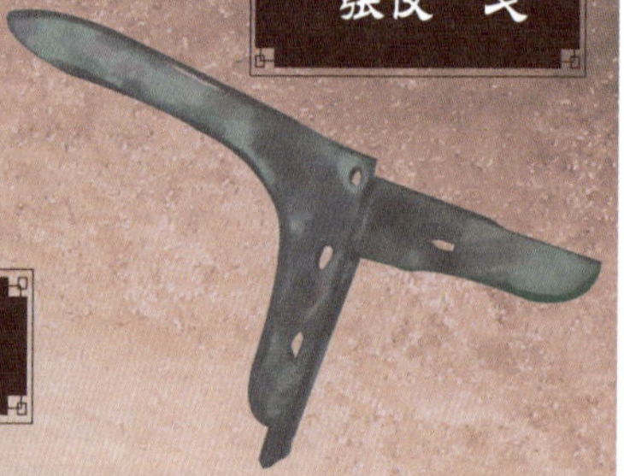

“张仪”戈

角形玉杯

张仪戈？天啦噜，战国？——醒醒！秦朝都灭亡了！

我是从波斯来的宝贝哦！知道波斯是哪儿吗？

据说犀牛角的酒杯可以溶解毒物

西汉银盒

这个越人为什么跳楚舞，有什么内情？

“长乐宫器”陶瓮

长乐宫！未央宫！名字也要向中原看齐~

西汉玉舞人

勾鑃
来，请你听一场越族打击乐。
我真的不能解毒哇！
六博棋
妃子们，别斗气，来下一盘六博棋。
扫码听我们的故事，好多秘密告诉你哟！
用我煮东西吃，有楚国味道吗？
楚式铜鼎
屏风铜人操蛇托座
越人大力士托屏风，两眼都凸出来啦！

哪个南越王

“原来广州真的有国，”小羊精灵眨了下眼睛，“不过，我毕竟是只年轻羊……不清楚情况，也是情有可原嘛！”

“我可比你年轻。”皮皮说道，“年轻人是需要学习历史的。”

小羊精灵一声不吭地瞅着皮皮。

“因为历史会留下许多宝藏嘛！”皮皮哈哈大笑。

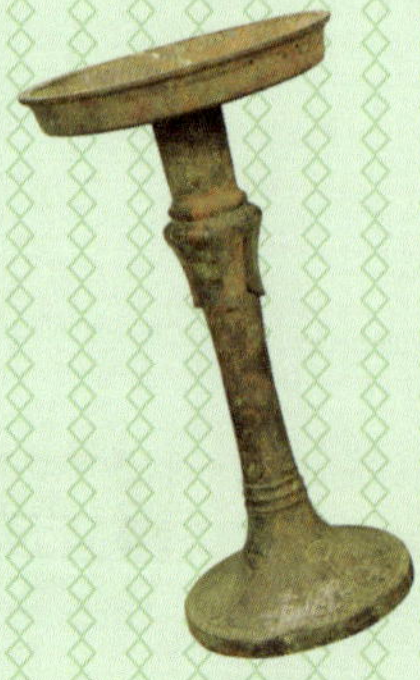

“皮皮，你没事吧？”大果爸爸摸了摸儿子的头，“做梦也哈哈大笑，很好玩么？”

皮皮睁开眼睛一看，原来自己在车里。

“我又做了个梦吗？”皮皮问道，“我梦到宝贝了。”

“皮皮，你最近怎么老是做梦？”

“是哦，”皮皮又摸起了头，“难道是小羊精灵对我下了什么咒语？”

“小羊精灵？“大果爸爸脸上写满惊奇，转头看着小叶妈妈，“糟糕，咱们儿子分不清现实和梦境啦！你看出来了吗？”

“爸爸，你别乱说！”皮皮叫了起来，“我好着呢！”

“你们父子俩还要不要看宝贝？”小叶妈妈戴上了帽子，“还是想留下来争论眼前是现实还是梦境？”

“要去！要去！”皮皮赶紧下车，跑到妈妈身边。

帝印、玉印、银盒、铜壶、铜虎符、熏炉、乐器……还有金缕玉衣！

“这些就是埋在地下 2000 多年，偶然才被发现的宝贝？”大果爸爸啧啧惊叹。

“没错，充分证明广州 2000 多年前就有很高的文明水平！”

“那可不一定，”大果爸爸摇了摇头，“我看这些金缕玉衣、铜壶之类的宝贝，跟中原文物没啥两样，你怎么知道它们不是从中原送来的？”

“我能证明！”小叶妈妈信心满满，“看到那个人操蛇托座了吗？下面那个两眼瞪圆、口里衔着两条蛇的大力士，是一个越人大力士！这肯定是本土文物！还有两个印花铜板模，知道是用来干什么的吗？”

小叶妈妈越说越得意，忍不住拍起掌来：“这是织物印花工具！据说当时出土的碳化丝织物，跟铜板模的花样是一样的！这说明什么？”

正说得口沫横飞，一位“制服叔叔”出现在身旁。

你说 问题 编号 011

如果你走在路上，忽然踢到一件文物，你要怎么做？

答案一：值钱，赶紧收起来！（你违法了！）

答案二：我认识个研究文物的叔叔，送给他刚好。（你又违法了！）

答案三：这里又不是西安！告诉我怎么一脚踢到文物？

我来告诉你吧

◆ 在博物馆参观要遵守规章制度，文明观展。保护文物安全，是所有人的责任，破坏文物可是违法犯罪哦！

“请不要在博物馆喧哗，请不要贴近文物陈列柜，更不能拍打陈列柜！”

“抱歉！抱歉！”小叶妈妈这才意识到自己离宝贝“太近”了。

大果爸爸站在旁边，好不容易才忍住了大笑。

“棋子！六博棋！”皮皮好像发现了什么不得了的秘密，“2000多年前大家就爱下棋打发时间了！还有非洲象牙，不少来自外国的东西！果然交通发达呀！”

“很可能是通过海上丝绸之路来的。”大果爸爸猜测，“广州是海上丝绸之路非常重要的起点，有外来的东西一点都不奇怪呀。”

“没错，”小叶妈妈压低了声音，“不过秦汉的时候更重要的是西北丝绸之路，也就是张骞开辟的那条。当时国力强盛，能够抵挡西北游牧民族，所以陆上丝绸之路畅通。到了宋朝的时候，基本就依赖海上丝绸之路了。”

“据说赵佗一共活了100多岁，”大果爸爸又开始翻旅行手册，“一生经历汉高祖、吕后、汉文帝、汉武帝好几代，跟汉朝的关系时好时坏，所以才一会儿称帝一会儿只称王。他和后代的南越王都喜欢中原文化，跟汉朝有贸易往来和政治交往，所以南越的宝物可能是从中原来的，也可能是海上丝绸之路得来……”

“这些象牙、银盒、香料统统都是洋货，就是用南越国的丝绸换的吧？”

皮皮若有所思，“丝绸生意是不是很好做？”

“这要看你怎么做啦！”小叶妈妈脸上浮现意味深长的笑容。

“妈妈，”皮皮忽然问道，“我有一个很重要的问题。这里的墓主是赵佗的孙子，那赵佗的墓去哪儿了？”

“谁也找不到。”大果爸爸抢答，“但是，也许哪天就被我们发现了！”

我来告诉你吧

◆ 广州城2000年来都很富有，但一直到了南汉国时候，南汉统治者凿平了番山、禺山，广州城墙才大大拓展。现在留下的古城墙，只有越秀山一小段明城墙。

◆ 宋代时，有超过20年的时间，遍地财富的广州竟然是“不设防的城市”，结果珠江口成为“海盗的天堂”，本国和外国大商人都成为海盗的目标。因为很多人的努力，“超级难修”的广州三城最后修建起来了，外国商人也出了不少力呢。“保护广州”可是项长达几千年的挑战哦！

“你们知道吗，”小叶妈妈忽然神秘地说道，“其实岭南这里不只一个南越国，还曾经建立过另外一个国……”

“什么国？”皮皮惊叫。

“嘘！”小叶妈妈看了“制服叔叔”一眼，“这个国的皇帝姓刘，跟以前的汉朝皇帝一个姓，国名就叫‘南汉’。那时候是五代十国时期，南汉趁机立国。他们曾经拥有差不多 1000 头战象！作战时组成象阵，可厉害了。不过最后南汉国还是被灭了，只存在了 50 多年。据说南汉商业气息浓厚，但他们的‘皇帝’要多荒唐就有多荒唐。”

“所以很快灭亡了？”

“占据岭南，本来就不可能长久。好玩的是，南汉国的最后一个‘皇帝’也被追封为‘南越王’呢！”

“两个南越王？”小羊精灵也惊奇了，“不会吧！”

“不止两个！”皮皮连忙说道，“单是南越国就有几位南越王了，南汉国只有后主被宋朝追封为南越王。”

“好吧，”小羊精灵放弃了追问，“接下来你就去南越王的宫殿看看，有水利工程哦！”

“哪个南越王？”

“2000多年前的南越王！”小羊精灵瞪了他一眼，“你是不是忘记自己有五堂课要上？”

“我上过了！”皮皮连忙回答。

◆ 南汉国十分富有，建造了大批华丽的宫殿，据说还在广州郊区建造离宫，有“几百宫殿、上千园林、三重州城”。传说他们还曾经用金作屋顶、银作地面，宫殿下面设计水渠，水渠中铺满珍珠。

我来告诉你吧

◆ 被追封为“南越王”的南汉后主根本不会治国。他宠爱一位波斯美女，经常带着她在宫中游宴，十分奢靡。他还规定读书人通过科举考试之后，如果要做官就必须先净身，也就是阉割。这样一来百官没有妻儿老小，才能对皇帝尽忠。你说够不够荒唐？

“你只上了商业课，”小羊精灵眨了下眼睛，“而且还输了。接下来是历史课。”

“历史课？”

“如果你再输掉，就太丢‘行者’的脸了。”

“可是……”

皮皮还没来得及争辩，就发现小羊精灵不见了。

你说　问题 编号 012

广州有什么历史？

答案一：经商的历史。
答案二：航海的历史。
答案三：建造广州城的历史。

埋在地下的王宫

“大家好，欢迎继续我们的神秘之旅！”圆脸老师再次出现，皮皮忍不住盯着她的举止看，越看越觉得跟妈妈真是像啊！

“这一次我们的时光机十分给力，它准备把我们送回到 2000 年前！”

“秦始皇时期？”皮皮警惕起来，“千万不要让我们去修长城！”

“你们的身份是设计师，正在去给南越王修王宫的路上。这是一个多元文化任务队。现在，马上开始做第一个选择：扮演中原来的设计师，扮演楚国来的设计师，还是扮演本地越人设计师……”

“不是历史课吗，怎么变成设计课？我可不会设计！”皮皮十分担忧。

“这是要我们利用 2000 年前的条件，做出最好的方案。”小伙伴阿立忽然出现在身旁，旁边还跟着天真可爱的小美。

三川组再次重聚了。

“检查下你们的探索背包，把穿越通行证拿在手上，我们马上出发！”老师的声音兴致勃勃，“记住了，你们的任务是有风险的，因为你们的雇主是南越王！修得不满意，我可不能保证他脾气特别好哦！”

“阿立哥哥，赶紧想想，我们要怎么办？”小美着急了，“我可不要被南越王关起来！”

“别担心，我们不但不会有事，而且还能赢。走，先看看皇家花园去！”阿立带头走向了南越王宫遗址，“据说南越王宫是照着西汉的长安城建的，说明它也有未央宫、长乐宫、明光宫等宫殿。现在挖出的宫殿遗址还不到当时的 1%，根本看不出什么，所以我们要研究的是以前的长安城！”

“我们要设计一个长安城吗？”小美惊奇地问。

“我们要设计南越王宫，”阿立回答，“它仿照长安城，但跟长安城不一样，比如它的皇家花园还有石构水池和曲流石渠。”

“还有水井！”皮皮补充。

我来告诉你吧

◆ 水井是人类文明重要的发明，有了水井，人们才能利用地下水。

◆ 河姆渡古遗址发现过一口 5700 多年前的木井，还挺精致的哟！

“阿立哥哥，所以我们是选择当越人设计师吗？”

“这个……”阿立一时下不了决心，“咱们其实都不是越人……”

“咱们三个人，可以组多元文化组呀！”皮皮灵机一动，把刚学到的词也用上了，“我从四川来，代表中原文化；小美是长沙国来的，代表楚文化；阿立就只好冒充越人了！”

“没问题！”阿立爽快地答应了，“不过说实话，你从西边来，也可以代表夜郎国，夜郎自大的那个夜郎……”阿立边说边笑了。

“不！”皮皮强烈反对，“夜郎跟南越没有来往。”

“有来往，南越国灭亡时，它给中原王朝帮了个手。”阿立哈哈大笑，“不过后来它自己也挂了。”

“我才不要代表它，我又不自大。”皮皮嘀咕道。

你说

问题 编号013

皮皮他们该怎么设计，才能从历史课中胜出？

答案一： 仿照一个长安城。

答案二： 要有岭南特色！

答案三： 不如把王宫造成一艘船！

“南国其实是砖井文化，这跟岭南的特殊地理有关。”阿立认真地研究了起来，“剧透一下：我们很快会看到南汉水井、元代水井、清代水井……”

“南汉？”

“你不知道吗，”阿立眼睛一闪，“这个南越国王宫遗址同时也是南汉国王宫遗址，不仅如此，这里还一层一层叠压着从秦代到清代、民国的各种文化遗迹。”

“呀！这不是跟千年古道一样吗？”

“你会发现，这里跟千年古道离得也不远呢！”

我来告诉你吧

◆ 南汉国时期，海上丝绸之路兴盛，广州地区十分富有，商业发达。正因为如此，南汉国的王宫特别华丽。

◆ 南汉国的德陵和康陵在小谷围岛被发现。那里现在是广州大学城所在地，当年正是因为建设大学城才发现了南汉皇陵，现在建成了南汉二陵博物馆。

◆ 南越王宫遗址下面，还有秦造船遗址哦！

“这么说，你的设计师挑战又输了？”小羊精灵弯起前爪，把羊脑袋从草地上托了起来，“你让我说你什么好呢？”

“反正不能骂我。”皮皮回答。

“那你可是很棒棒哦。”小羊精灵嘲讽了一句。

“还没到最后一局。”皮皮笑道，“这才一半，这表示我们还有一半机会赢。”

“那你的数学老师听到，一定很开心哦！”

皮皮脸上一红，赶紧岔开话题：“是谁曾经说过，见到你是我的美梦，能实现愿望？”

“那你还不许我吹牛哦？”

“你怎么是这样的羊？”皮皮忍不住叫了起来，“羊不可以吹牛！”

“那你很机智呢，”小羊精灵不以为然，“你把杞人忧天的好品质丢到哪儿去了？”

百年前的豪宅

“羊不可以吹牛？”大果爸爸差点笑岔了气，“你这是又梦见什么神兽怪物了？”

“爸爸！”皮皮一下清醒过来，“我这是担忧！担忧才会做这样的梦。”

“别担心，”大果爸爸拍了拍胸脯，“爸爸会帮你的！走，咱们去找找灵感，下次你准赢。”

“我连下次是什么课都不知道！”皮皮嘀咕起来，“怎么会有这样的挑战嘛！事先连主题都不知道！”

“所以才说是最神秘的活动呀！”小叶妈妈开心地回答，“我好不容易帮你抢到的名额呢！这可是要看身份的哟！”

“什么身份？”皮皮抓住话柄，“妈妈，你是不是隐瞒了我什么？”

“对对！”小叶妈妈一边往外走，一边回答，“隐瞒了你是地主家的大少爷！”

“你说什么呢！”皮皮连忙追了过去。

“故事从这些四方大屋开始——”小叶妈妈一本正经地开讲，“别看现在它们很安静，以前这可是身份的象征，它们的大名叫‘西关大屋’。很久以前，一位东山少爷前来拜访一位西关小姐……”

小叶妈妈陷入了回忆，好像那是她自己的故事似的。

“这位优雅的西关小姐正在楼上，对镜打量自己。床头放一架留声机，一张黑胶唱片传来低低的歌声。忽然楼下传来贵客的动静，她赶紧走到楼梯口的满洲窗前，往下面探看。淡淡的脂粉香味飘了过去，一位东山少爷正在客厅里，忽然抬起了头来，却什么都看不到……”

“妈妈！”皮皮叫了一声，“你不要吓我……”

“嘘！”小叶妈妈示意了一下，“东山少爷静静等待，西关小姐却转向屋子一侧的青云巷，缓缓走来……”

“可是，他们怎么会认识？”皮皮似乎看到了漏洞。

“说来话长，他们的相遇既是偶然，也是自然而然。西关小姐上课的地方是

你说 问题 编号014

东山少爷遇上西关小姐的概率有多大？

答案一：百分之百！大家不就是混一个朋友圈的？

答案二：很难遇上，男女有别，官商不同……

女校，接受的是西式教育。东山少爷是官家少爷，熟悉西方文化……”

“这不代表他们就能认识！”皮皮叫道。

“别急！”小叶妈妈再次示意皮皮安静，“西关小姐家特别有钱，父亲是十三行的玉器商。那时候玉器行有严格的行规，归六大堂口管。小姐父亲有钱又有地位，而小姐就是他的掌上明珠……”

“悲剧马上就来了。”大果爸爸插了一句。

“爸爸，你知道这个故事？”皮皮忙问。

“不，”大果爸爸淡定地回答，“我这是预感，预感……”

“不是悲剧，是爱情剧，”小叶妈妈打量着屋子，好像这些西关大屋是她的家似的，“这天，广州的阳光很好，港口那里来了一艘尼德兰商船，据说船上有丹麦王室的宝贝……”

“什么？”皮皮惊了，“尼德兰？丹麦？”

“很多富贵人家听说了这件事，都准备来抢购西洋的‘王室宝贝’。在熙攘的人群中，西关小姐凝视着忙碌的人，独自微笑。就在这个时候，一位东山少爷被挤了过来……”

“妈妈，”皮皮忍不住笑了，“你是个小说家吗？”

“不，”小叶妈妈神秘地凑过来，“我学历史。历史上，东山少爷和西关小姐，就是绝配呀！”

“那怎么防止官商勾结？”大果爸爸问道。

“你想知道？”小叶妈妈瞥了他一眼。

“官商勾结？那是什么意思？”皮皮连忙问道。

“就是用不正当的方式赚钱。”大果爸爸解释。

“赚钱？”皮皮眼前一亮。

“注意前面的用词！”小叶妈妈提高声音，“不正当！”

“哦，就是不好的意思。”皮皮似乎有点失望，“不过这是大富翁住的地方，对吗？”

“没错，它们是商人故居。”小叶妈妈回答，“商人们到隔壁十三行做生意，做完生意回到这些大屋，这就是百年前的富商豪宅呀！”

我来告诉你吧

◆ 西关也就是荔湾，是明清时期广州的商贸中心，有许多高大精美的西关大屋，但现在大多已经不在了，仅存的名宅只有小画舫斋。

“平凡无奇，”大果爸爸点评，“但那个门蛮特别……”

“那是西关大屋有名的三重门！”小叶妈妈兴奋地说，“最中间的趟栊门就是两百年前的‘防盗门’，厉害吧！最外面的屏风门可以阻挡路人视线，夏天需要通风，冬天想要晒太阳，都可以打开大门，只拉上趟栊门和屏风门就可以了。这样家里人可以安全无忧地坐在屋内，又没人看得到你在里面干什么。”

“那很适合干点私密的事哦！”大果爸爸好像想到了什么。

“你的词典里有‘慎独’这个词吗？”小叶妈妈问。

“妈妈，那是什么意思？”皮皮好奇地问。

我来告诉你吧

◆ 西关大屋设计三重门，是为了适应潮湿炎热的天气，特别宜于坐在家中享受穿堂风。

◆ 慎独，就是独自一个人的时候也要注意自己的言行举止，这是古人的行为准则之一哦。

你从哪儿来

穿官服的外国长老

“阿立哥哥，我们这次要完成什么？”小美担忧地问道，“我们上次又输掉了，是不是？”

“我们没输掉。”阿立不肯认输，“只是别人都做得比我们好一点点而已。”

“哦，那就好。”小美开心地说道，“我还以为我们又输了呢。”

皮皮看了看小美天真的小脸蛋，忍不住皱起了眉。阿立赶紧说：“我们快点看看外国人除了跑来广州做生意，还有什么动作！”

“怎么看？”皮皮问道。

“调查。第一个问题，最早来广州的外国人是什么人？”

“广州是海上丝绸之路的重要港口，很早之前就有外国人前来。我觉得最早前来的应该是教徒或者商人，你觉得呢？”

“南越王宫里就有佛教痕迹，佛教徒一定是很早就来的，”阿立回

答，“咱们这就去看他们的寺庙！”

“光孝寺是广州最有名的佛教寺庙。这个寺庙跟南越王也有关……”

“哪个南越王？”皮皮赶紧问。

“不是赵佗，也不是赵眜，是赵眜的孙子赵建德，赵建德就是直接导致南越灭亡的那位王。”

“这个寺庙跟倒霉的南越王有关吗？”小美惊奇地问。

“对，这个地方本来是赵建德的私宅，也就是说，他还没去南越王宫的时候，就住在这儿。汉朝灭亡，三国时代来临，东吴的著名学者虞翻来过这里讲学。三国变成晋朝，这里开始建立寺庙。东晋接着变成了南朝，就在南朝时期，禅宗的创始人菩提达摩从海路来到中国，曾经在这里讲经，还开挖了洗钵泉……”

“阿立哥哥，”小美笑眯眯地指着莲花池，“刚刚老师告诉我，这些莲花跟佛教有关。”

“不单莲花，菩提树、无忧树等，都跟佛教有关。”

你说 问题 编号015

菩提树和佛教有关系吗？

答案一： 有，菩提老祖！

答案二： 传说佛祖释迦牟尼在菩提树下修成正果，你说有没有关系？

答案三： 喜马拉雅山区有野生菩提！

“有什么故事吗？”

“故事可多啦！”阿立回答，“不过咱们的重点不在佛教故事。”

“没错！”皮皮醒悟过来，“赶紧找答案！”

“外国商人和别的教徒来得也很早，而且来的人不少，咱们去他们的落脚点看看吧。”

“据说1000多年前，在广州居住的外国人比现在还多。”

“这么多人，都住在哪儿？”小美忙问。

“那时候唐朝政府会设立蕃坊进行管理。蕃坊有蕃长，要经过中国皇帝认可，穿中国官服管理日常事务，相当于中国官员。”阿立回答。

“蕃坊在什么地方？”小美问道，“我们要去看吗？”

“就在光塔街一带，那里1000多年前就建了个寺，就是现在的怀圣寺。”

“一定又有个精彩的故事吧？”小美期待地问道。

我来告诉你吧

- 宋朝时设立过“蕃学”，让外国人学习中国文化和本国文化。宋朝还允许中外通婚，但规定外国人三代中必须有一代是官，才能与中国女子通婚。
- 节日时蕃长会带领大家做礼拜活动，平日就在“蕃长司”中处理日常事务，中国官员一般不会干涉。
- 蕃坊内的商人一般都很富有。

“故事？”阿立摸了摸头。

“以前怀圣寺附近有珠江古航道，”皮皮插话，“光塔上面白天挂旗，晚上有灯火，可以为来往船只导航。我们去那边寻找一下古航道遗迹吧！说不定能发现丝绸之路的一些宝贝哟！”

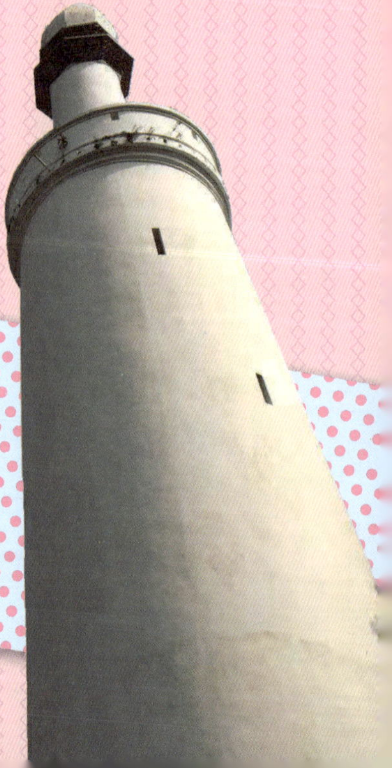

你说

问题 编号 016

现在你明白海珠石传说中，那个波斯商人为什么有10万两银子了吧？

回不去的印度人

“阿立哥哥，这里有一尊外国人塑像！”三川组来到了南海神庙，小美看着门口的一尊雕像，十分好奇。

“他怎么不回家？”皮皮有点疑惑。

“这是个印度使者，”阿立回答，“不是他不想回家，是他有家回不去。”

“真可怜！”小美十分同请，“那他在中国很不开心吗？”

“开不开心我们不知道，”阿立回答，“但他成了这里的守护神。”

“外国来的守护神？”

“没错！”阿立开始“讲古”，“故事要从很久很久以前的唐朝说起。当时，一位印度使者来到中国，准备从广州港启程回乡。这时他发现广州是个好地方，十分适合种植亚热带水果，便开开心心地种起了菠萝树。因为太喜欢这里，耽搁的时间太久了，等他打算回去的时候，返回家乡的船早就走了。”

“啊！”小美惊叫起来，“那怎么办？”

“他就回不了国啦，但他十分怀念家乡，天天凝望着海洋，后来就变成了海神，保护着这里远航的人。”

“真感人！”小美赞叹。

你说

问题 编号 017

中国海神厉害，还是外国海神厉害？

答案一： 不用争了，我们的南海海神也是外国人！

答案二： 外国海神是谁？宙斯的哥哥波塞冬吗？

答案三： 这能比吗？中国的海神不会一发怒就唤出海怪，掀起滔天巨浪，可是希腊神话的海神嘛……

“据说这位海外来的海神，还意外地受到了中国皇帝的青睐。”皮皮查到了更多资料，“唐朝皇帝曾经封他为广利王，到了五代十国时，他又被尊称为昭明帝……”

“皇帝！”小美有点惊喜，“这个封号厉害啦！”

“说明这位海神很重要，”阿立解释，“毕竟他保佑的是当时最重要的海路！”

我来告诉你吧

◆ 南海神庙就在古代的扶胥港上，这里是最早的海上丝绸之路起点，在唐朝时有千帆竞发的盛况。

◆ 中国原本有东南西北四大海神庙，但只有南海神庙保留了下来，每年农历二月十三，这里会举行盛大的波罗诞。南海神庙还有个俗名，就叫“波罗庙”，跟那个忙着种菠萝树忘了回家的印度人有关。

◆ 从扶胥港出发，穿越马六甲海峡，进入印度洋、波斯湾，再往前走能一直到达东非海岸，经历90多个国家和地区，据说航期总共89天，这就是历史上著名的“广州通海夷道”。

我们还在中国吗

“阿立，我们还在中国吗？”皮皮看着一栋栋欧式建筑，十分怀疑这趟“穿越”犯了个大错。

“在，当然在！”阿立靠着高大的石柱，微笑看着两个小伙伴，“而且还是在广州！”

“我差点以为穿越到欧洲了。”

“咱们这课只负责时间穿越，”圆脸老师不知又从哪儿冒出来，“不负责空间穿越哦。”

“老师！”小美脆脆的声音叫了起来，“我好想穿越到15岁啊！”

“为什么？”老师看着她的小脸问。

“我有个秘密。”小美抬起了头，”不能告诉你们。”

“那咱们就等你15岁的时候见吧。”老师神秘地眨着眼睛。

“那可是漫长的等待。”阿立点评。

“时间说快就快，说慢就慢。”老师意味深长地说道。

“那边是英女王、美国总统都来过的白天鹅宾馆。”阿立的声音插话。

“有外国小孩！”小美好奇地看着一位外国爸爸带“洋娃娃”漫步。

“这里是沙面岛，住着一些外国家庭……”

“我明白了！”小美马上说道，“所以他们就把房子建得像家乡的房子！”

“你说得没错，”老师笑了，“不过建这些房子的时间，可离现在不止100年了。”

“百年老房！”

“有秘密！”

“商业秘密吗？”皮皮念念不忘“商业”两个字。

“忘了你的商业课吧，”阿立靠近他耳边笑说，“反正咱们已经输了。”

“输了可以反败为胜嘛。”皮皮也压低了声音回答。

“这很不像你哦。”虽然只相处几天，但阿立已经知道皮皮是个“爱担心”的人。

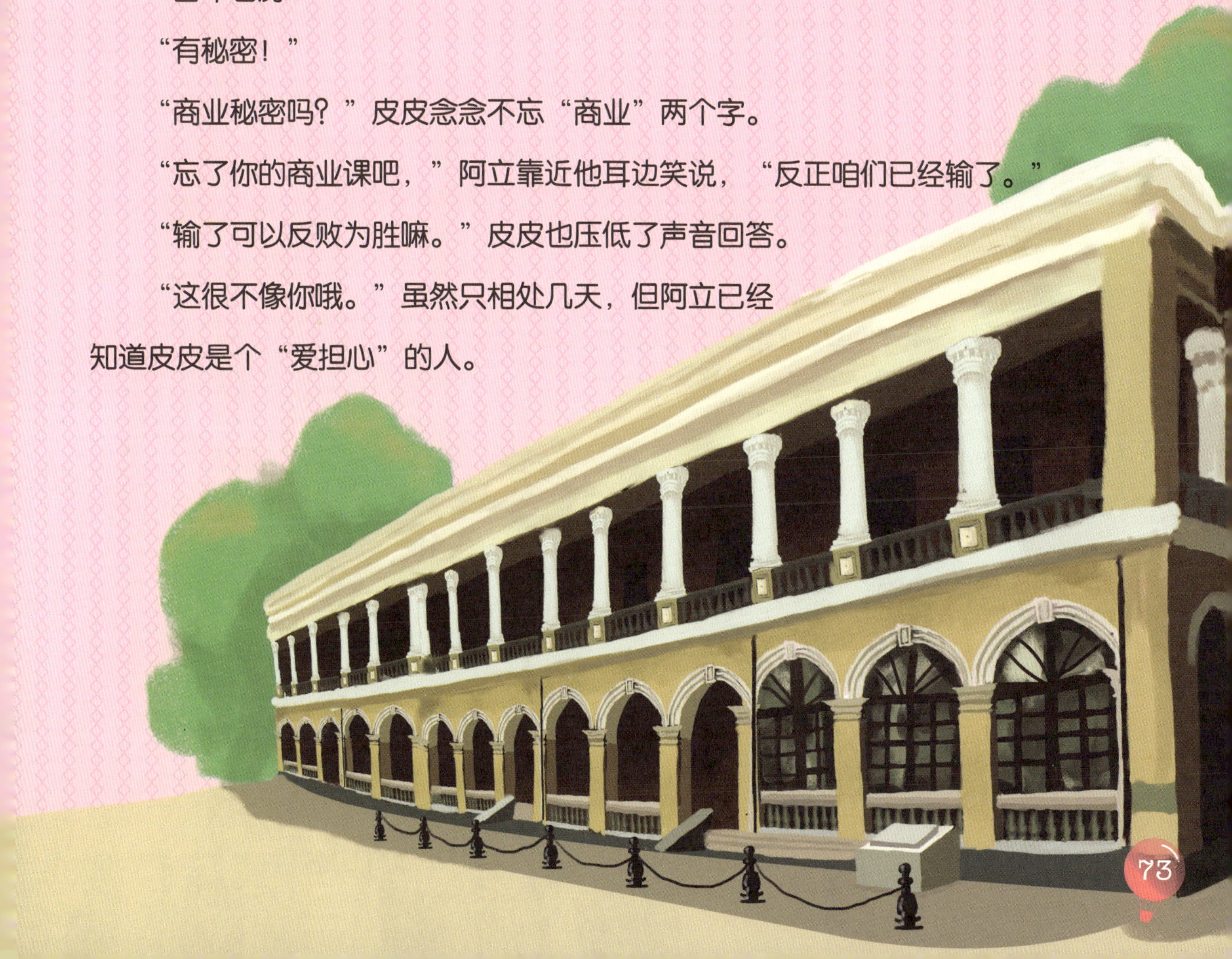

“这里以前叫作拾翠洲，是个美丽的沙洲。100多年前，外国人把它变成了租借地，曾经有十多个国家在这里设置领事馆，很多外国商家在这里经营。”

“就是广州十三行没落之后的事情吗？”皮皮打量着四周的建筑，“就是说，外国人租借了这个地方，在这里建了很多外国建筑？”

“这些叫作‘欧陆风情建筑’，有仿哥特式、新巴洛克式、新古典式等等，你们发现了没？”老师脸上带着复杂的表情，“走在这里会有时代感，西南边的白天鹅是开放的标志，这些欧陆式建筑却展示着沙面的租借史……”

“一个国家命运的缩影。”阿立若有所思。

皮皮注视着这些特别的建筑，也陷入了沉思。

我来告诉你吧

◆ 现在广州有很多外国人居住，二沙岛、小北等地总能碰到他们的身影。

◆ 巴洛克的意思是“扭曲的珍珠”，曾被认为是一种离经叛道的建筑风格。

◆ 哥特式建筑产生于中世纪的法国。最著名的哥特式建筑，大概就是雨果笔下的巴黎圣母院了。那时巴黎人认为哥特式建筑是变形的怪物，但雨果写了部名著叫《巴黎圣母院》，竟意外地拯救了这座教堂，这个即将被废弃的建筑重新变为国宝。可见有时候文学能创造真正的奇迹哦！

“现在广州也有很多外国人来做生意，”阿立的声音忽然打断了皮皮的思绪，“但我们跟他们的关系再也不会跟百年前一样了。”

“阿立哥哥、皮皮哥哥，你们在说什么？”小美跑过来问道。

皮皮没有回答，他凝视着一栋哥特式建筑，虽然这不是历史课，他却第一次领会了“历史”的含义。

最重要的
挑战

“话说，”皮皮陷入了严肃的思考，“如果国家有难，广州人要不要上战场？”

“上战场？”小羊精灵睁大了眼睛，“你在想什么？”

“想重要的事情呀！”皮皮回答，“你是只广州羊，一定知道广州2000多年来发生过的大事吧？”

“这个嘛……”

“你不知道？”皮皮眨着眼睛。

“有时候我会去旅行，”小羊精灵的声音有点虚，“有时候还要去开会……”

“开什么会？”皮皮好像接近了什么天机。

“就是商量给小行者、大行者做什么信物，更新什么工具之类的会议嘛，”小羊精灵从草地上站了起来，“毕竟你们有些发明还是不错的。还有，有时也商量去哪儿洗澡……”

“什么？”皮皮惊了。

“我总是选择广州！”小羊精灵赶紧说，“虽然大家都想去‘春城’，但我总是投‘花城’一票……”

“这么好的地方，”皮皮似乎又有了心事，“要怎样保护自己？”

“靠它的子民呀！”小羊精灵脱口而出，“你在操心什么？”

镇住哪个海

“爸爸，”皮皮开启了操心模式，“很多外国人来广州，他们都是朋友吗？”

“大部分是，”大果爸爸回答，“比如来做生意的，来做文化交流的，喜欢广州前来旅行的……”

“但有些也不怀好意，”小叶妈妈插口，“比如以前跑来抢劫的倭寇。”

“抢劫？”皮皮担忧地问，“那广州人怎样保护自己的城市？”

“他们想了很多办法，”大果爸爸回答，“对进入广州的外国人他们会进行管理，对敌人他们会建设城池保护自己。”

“广州有个越秀山，山上有个镇海楼、有段明代的古城墙，这些都跟保护城池有关。”小叶妈妈今天似乎有点严肃，“广州曾经还有很多炮台，比如越秀山蟠龙冈就有个四方炮台……”

“炮台？”皮皮问道。

“是的。保护自己，是门重要的课！”

我来告诉你吧

◆ 倭寇泛指日本海盗，在元朝时就出现了。他们不仅在朝鲜、中国沿海、南洋等地劫掠，还从事中日走私贸易，曾经十分嚣张。

◆ 广州不靠海，却是世界闻名的东方海港。

◆ 镇海楼现在是广州博物馆的一个展区，如果你去到那里，会发现顶上写着“镇海楼”，下面却写着“广州博物馆”。这座5层楼下面两层是红石墙，上面3层是青砖墙，墙的厚度逐层减少，所以看起来像塔又像楼。

“镇海楼也是文物吗？”大果爸爸翻开了书，“咦，好像还跟朱元璋有关……”

“本来是文物，但多次焚毁重建，我们看到的这个是 1928 年建的，”小叶妈妈脑子里装满了信息，“镇海楼在明初的时候就建起来了，一开始不叫镇海楼，而叫作望海楼，后来才改名的。”

“名为‘镇海楼’，我怎么看不到海？”皮皮有点惊讶，“它镇的是哪个海？”

“不镇哪个海，”小叶妈妈笑了，“镇海楼一直都看不到海的。以前珠江水面特别宽阔，从这座楼看去，感觉就像看海一样，所以才把它叫作‘镇海楼’。据说它还有另外一个意思，就是‘雄震海疆’！”

“建筑界的标题党，”大果爸爸点评，“而且是古人干的。可见古人才是最大的标题党。”

“你这句话就是标题党！”小叶妈妈白了他一眼。

“什么是标题党？”皮皮好奇地问。

“就是写什么都有个标题……”

“不要忽悠小孩子，”小叶妈妈不高兴了，转向皮皮说道，“标题党就是名不副实。”

“镇海楼名不副实？”皮皮吃惊地问。

“不要被你爸爸带歪，”小叶妈妈回答，“倭寇肆虐的时候，镇海楼的气势是用来镇他们的，不是名不副实。”

“可是，”皮皮又有了新的担忧，“镇海楼真镇得住敌人吗？”

“国家有难的时候，靠一个镇海楼当然不行，”大果爸爸不再开玩笑，“还要有无数愿意奋斗，为保护家园作出牺牲的人。这些人，也许以前就过着安静的书斋生活，但当敌人来犯的时候，他们宁愿放弃安逸，担起责任。”

“爸爸，你说的是广州人吗？”

“全国各地的人，”大果爸爸回答，“当然也包括广州人。广州是片热土，这里的人为了保护家园，不惜自我牺牲。”

“他们会放弃读书吗？”皮皮若有所思。

“皮皮，”小叶妈妈忽然插口，“你是不是想到了什么？”

“我想去看看他们的书院。”皮皮眼睛一闪。

你说

问题 编号018

你知道广州有哪些革命志士吗？

答案一：黄花岗七十二烈士！

答案二：烈士陵园里的烈士！

答案三：周文雍和陈铁军（刑场上的婚礼）。

读书还是上战场

“我猜陈家肯定是广州的大户人家，一个祠堂都能变成文物。”大果爸爸一下车就看见了前面那座大建筑，马上做出了猜测。

“翻开你的旅行手册，”小叶妈妈嫌弃地说道，“第 30 页：陈家祠正式的名字叫陈氏书院，是清末广东省七十二县的陈姓联合建造的。”

“那就是陈家大宗祠咯？”大果爸爸笑道。

“没错，”小叶妈妈回答，“那时候广东各县的人都爱来广州建书院，陈家祠就是里面一个。它出名的地方是规模宏大、装饰华丽，木雕、石雕、砖雕、陶塑、灰塑、彩绘、铜铸、铁铸……”

“妈妈！”皮皮叫了起来，“这都是些什么？”

“就是各种各样的建筑装饰。”小叶妈妈一句话总结，“因为它保存得好，又是广东地区民间建筑的代表，所以……”

“所以我们来这里玩！”

“所以它是全国重点文物保护单位！”小叶妈妈扫了大果爸爸一眼，“知道什么是重点文物保护单位吗？全国的！”

你说

问题 编号019

很多传统工艺已经没有了传人，如果给你选择，你会怎么做？

答案一： 那是非遗传承人要考虑的，至于我嘛……

答案二： 这是非物质文化遗产，很重要，所以……

答案三： 争当非遗传承人，人人有责！

“就是具有特别重要的历史、艺术、科学价值的文化遗产呗。”

“爸爸，你找答案的能力不错！”皮皮笑道。

“问题是——”小叶妈妈得意地提高了声音，“具有特别重要的历史、艺术、科学价值的文物藏品，叫作国家一级文物。陈家祠是全国重点文物保护单位，看出差别了吗？”

“没有看出……”皮皮也有点愣了。

“很好！”小叶妈妈笑了，“因为你们都不知道，文物分为文化遗迹和文化遗物，陈家祠是文化遗迹！而且它不但是县的市的省的文物保护单位，还是国家级的文物保护单位，明白了吗？”

“实话说，”皮皮笑道，“还是有点糊涂。不过，妈妈你又是怎么知道的？你做功课啦？有人透露给你啦？”

“我什么都知道。”小叶妈妈靠近皮皮耳边，神秘地笑道。

你说

问题 编号 020

你知道国家宝藏是什么文物吗？

答案一： 很贵的文物！

答案二： 不可以出国的文物。

答案三： 国家当作宝贝收藏的文物。

皮皮仰望着房檐和门楣，只见上面雕刻着各种各样的神仙人物、历史人物，似乎都很有故事。

大果爸爸走进了安静的内巷，从小门拐到西边的厢房前。

“皮皮，你想不想在这儿读书？”

皮皮打量了一下，这里庭院宽敞，房屋清雅，柔和的光线透过玻璃窗，投在过去陈家孩子们读书的桌椅上，如果没有人来参观，可真是适合读书呢。

“可是我放假了，爸爸。”皮皮调皮地笑道。

“你想在这儿读书，也没有机会，”小叶妈妈从另外一边冒了出来，“知道这是什么地方吗？国家级重点文物保护单位！”

“知道了，妈妈！”皮皮回答，“那陈家的孩子总可以在这里读书吧？”

“你有看到在这里读书的孩子吗？”大果爸爸笑了，“很明显，答案是不行！”

你说

问题 编号021

陈家的孩子为什么不在这里读书？

答案一： 他们不想读书了！

答案二： 这是国家的文物！

答案三： 要保护文物呀！读书有这么重要吗，呃……

“为了给孩子们一个读书的空间，陈家人可花了不少心血哟。”大果爸爸好像在思考什么重要问题，忽然提高声音，“我也要为孩子创造一个读书空间！就这样决定了！”

“爸爸，你决定了什么？”皮皮担忧地问，“你千万不要冲动呀！”

“我没有冲动！”

“没有冲动，只是没有钱，”小叶妈妈哈哈大笑，“你觉得自己有钱建一座博物馆吗？”

“博物馆？”

“这里还是广东民间工艺博物馆！”小叶妈妈回答，“你们还没有发现？真是迟钝啊！”

“因为我一直在思考另一个问题呀，”皮皮说道，“读书人要不要上战场？”

“皮皮，你真是爱操心。读书就读书，还想着上战场做什么？”

“不，这是个很好的问题！”小叶妈妈说道，“广州有一文一武两学校，读书人可以上战场，需要的时候，读书人也愿意上战场。”

“什么年代做什么事。”皮皮好像找到了答案，解开了心结。

“太平年代好好生活，战乱年代保卫家园！”

“有觉悟！”

“那我决定了，现在要好好生活！”皮皮笑了，“还要看广州人怎样好好生活！”

“有展览！”

“说不定就是广州人生活艺术的展览……”

“是外销扇！”皮皮惊喜地叫起来，“爸爸！这里有外销扇！跟十三行博物馆一样！”

“不好！”小叶妈妈忽然想起了重要的事，“皮皮，你该去上课了！”

我来告诉你吧

◆ 陈家祠是一座民间装饰艺术殿堂，被当作广东民间工艺博物馆，经常展出各种广东民间工艺品，比如广绣、石湾艺术陶、潮州金漆木雕等，还跟十三行博物馆一样收藏外销扇。

“哈喽，又见面啦！”圆脸老师兴致勃勃地出现在大家面前，“让我们继续神秘之旅，接受命运的考验！接下来，你们会面临最重要的一项挑战！”

皮皮嘀咕起来：“这是妈妈？不是妈妈？说不定是妈妈的双胞胎姐妹？”

正胡思乱想，老师提高声音，好像要带大家打开一个新世界：“今天你们要接受的挑战是，怎样保家卫国……”

“保家卫国？”皮皮大吃一惊，“这是什么课？现在又没有战争……”

“你们会穿越到 80 年前，那时候中国正处于战争中……”

“哦，又是穿越。”皮皮松了一口气，“吓了我一跳。”

“你这么好吓？”阿立忽然拍了皮皮一下，“我们连输三场，保家卫国可不能输掉！”

“愿望是好的，”皮皮说道，“可是……”

“嘘！”阿立突然示意，“小美来了，不要透露我们打败仗的事！”

“那你还得给她买奖品。”

“这次一定不用我买！”阿立信心满满地拍了拍胸口，“我们会得到终极大奖！”

“阿立哥哥、皮皮哥哥，”小美雀跃地来到了两人身旁，“我们要去哪儿呀？”

“去看一文一武两大名校，”阿立回答，“喜欢不？”

“喜欢！”小美什么都不知道，却马上点了点头。

我来告诉你吧

◆ 广州有“一文一武”两大名校，“文”是中山大学，“武”是大名鼎鼎的黄埔军校，就在长洲岛上，岛内有多处炮台，四面环水，便于当时的学生学习和练武。

我来告诉你吧

◆ 黄埔军校是中国近代最著名的一所军事学校，许多在抗日战争中闻名的指挥官就是从这里走出来的。如果你走进黄埔军校旧址，会看到一句十分有名的话：革命尚未成功，同志仍须努力。

◆ 广州大学城最先建在番禺区的小谷围岛，西边是洛溪岛，北边是生物岛，东边是长洲岛，就像一处世外桃源。大学城附近有南汉二陵博物馆、广东科学中心、广东中医药博物馆等，离岭南印象园也不远。

你说

问题 编号 022

你觉得三川组这次能赢吗？

答案一： 能！皮皮这么有觉悟！

答案二： 我看悬……毕竟他们每次都输，哈哈哈。

答案三： 输了又如何？赢了又如何？

最后的
挑战

动漫英雄选谁？

“在青青草原上，有一群羊……”

“羊？什么羊？”小羊精灵马上仰起了头。

“别打断我，”皮皮回答，“是白羊？绵羊？哎呀，重新来过……在青青草原上，有一群天真的小白羊，它们每天的工作就是跟一只狼斗智斗勇。狼和它的妻子住在一座古堡里，每天都有新奇的办法来捉羊，但每次都被挫败……”

“我知道，”小羊精灵插话，“那个家伙……”

“你当然知道，那是你们羊界的英雄嘛。”

“什么？”小羊精灵马上站了起来，“请好好定义一下‘英雄’这个词！”

“冒犯你了吗？”皮皮眨着眼睛。

“如果青青草原的羊是英雄，那每天嚼着零食的猪猪侠也是英雄了！而实际上……”小羊精灵激动得喘了口气，“它们都只是孩子！”

“皮皮！”小叶妈妈推醒了儿子，“谁只是孩子？你不想当孩子？”

“那当然！”大果爸爸插话，“男孩子都想快点长大，脚踏祥云，当上盖世英雄，从恶魔手中救出姑娘，对不对？”

“爸爸，”皮皮揉了揉眼睛，“你好幼稚啊！”

“就是，幼稚！”小叶妈妈附和，“想学齐天大圣，没门！他可是超级英雄！”

“妈妈，请你定义一下‘英雄’这个词。”

“皮皮，”小叶妈妈摸了下他的额头，“发生什么事了？”

“我猜，”大果爸爸凑了过来，“他准是在梦里遭遇挫败……”

“灰太狼才总是失败！”皮皮打断了爸爸的话，“我会那么倒霉吗？”

“哟！”小叶妈妈眼里满是笑意，“咱们的小皮皮竟然不担忧，对前途表示乐观了！”

“这次一定要成功！”阿立凑到皮皮耳边，“不能像之前那么大意了。”

“欢迎继续我们的神秘之旅！”圆脸老师的声音炸雷一样响起，“今天你们将会面临至关重要的挑战！终极的挑战！从虚幻来到现实的挑战！最后的挑战！”

“到底是哪一个？”皮皮困惑地问。

“可怕！”小美悄悄拉住了阿立的手。

“是很可怕！”老师耳朵很尖，“但是也很有趣！”

“我们要穿越吗？这次要去哪儿？”

“去哪儿不重要，”老师意味深长地说道，“重要的是要回得来！”

“我们会回不来吗？”小美大惊，“会像印度人海神一样？”

“那可不一定，”老师笑了，“也许是被海盗抓去海岛上。”

“我知道了，这是航海挑战！”

“错了！”老师否认，“这次的主题由你们定，但是，你们必须先作出选择，挑一个同伴：1. 呆头；2. 猪猪侠；3. 灰太狼……”

“灰太狼！”皮皮惊呆了。

“这些都是广州的动漫角色，”阿立解释，“看来咱们要从虚幻回到现实，可有点难度。”

“为什么？”皮皮担忧地问，“同伴太蠢？挑战太大？”

“好好挑，最重要。”阿立回答。

你说 问题 编号023

你知道广州有什么动漫角色吗？

答案一： 呆头、猪猪侠、灰太狼……（喂，答案不是写在上面吗？）

答案二： 动漫？什么是动漫？（“动漫”是广州的动漫界人士提出的概念哦！）

“动漫这个概念，是广州本土概念哦！”阿立带大家来到一栋大楼前，“悄悄告诉你们，很多动漫公司都在广州，这里就有一家！”

“哪儿？”小美左看右看，“我怎么没有看到？”

“人们在一模一样的办公楼里干活，却创造出各不相同的文化，”皮皮似乎发现了什么，“这就是工作的意义吗？”

“皮皮哥哥，你在说什么？”小美问道，“工作？谁工作？”

“他在说创造，”阿立拉住小美，“跟着我走，很快你们会看到更值得激动的东西。”

“哪吒！”

“这是幽灵公主呀！”小美惊喜不已，“还有龙猫！”

“齐天大圣孙悟空遇见了铁臂阿童木！”阿立笑了起来，“米老鼠遇见了蝙蝠侠！”

“这是哪儿？”小美激动地问，“太神奇了！”

“你猜。”阿立眨了下眼睛，“友情提示：这是个博物馆。”

我来告诉你吧

◆ 2015年，广州成立了中国首家私人动漫博物馆——JC动漫馆（世界动漫大师之家）。这个博物馆里有很多动漫经典手稿哦！你可以看到龙猫、蝙蝠侠、幽灵公主等等美国、日本的动漫形象，还可以看到孙悟空、哪吒！

“20 年前，‘动漫’这个概念才出现，然后有了动漫金龙奖，这些都跟广州有关！”阿立似乎很喜欢这个行业，“广州动漫 40 年，创造了许多家喻户晓的角色！”

“比如呢？”小美激动地问。

“比如灰太狼！”皮皮凑近她耳边，悄悄回答。

“不止！”阿立听到了，连忙说道，“《爆笑校园》！《乌龙院》！”

“这明显不是角色，”皮皮突然“皮”了，“话说，齐天大圣是哪儿的角色？”

“皮皮哥哥，你是不是傻了？”小美也笑了，“孙悟空当然是花果山的呀！”

“记住，要进得去回得来！”老师的声音不知从哪儿传来，“从虚拟回到现实！”

“我们一直在现实中。”皮皮笑了，“我们还没有选择角色。”

“小美，你选！”阿立马上说，“你还没有做过选择，这次你来！”

“幽灵公主！”小美脱口而出。

“可是，”皮皮有点担忧，“幽灵公主不是广州的……”

“没问题！”阿立打断了他的话，“她来过广州，不是吗？”

“你们要打破规则？”老师忽然靠近来，“请给我一个理由。”

“这是小美第一次作决定。”阿立赶紧说。

“那你们需要加难度，”老师眼珠子一转，“这是2500年，日本面临着台风、地震、海啸的威胁，预计很快要沉没，这时候幽灵公主带着幸存的人从日本逃难，进入广州，但是……”老师似乎想到了什么好点子，眼中放光，“广州出现了前所未有的危机……”

“什么危机？”小美忙问。

“别急，”老师微微一笑，“事实上，500 年前，也就是 2000 年就有人察觉到了危机，而且一直在暗中准备应对挑战……”

“我们需要时间！”阿立赶紧讨价还价。

“没问题，给你们 3 天时间！”老师笑了，“拯救广州就靠你们了！”

“那你就把英雄主角设计成广州羊嘛！”小羊精灵托着羊腮，“从2000年开始？很好，那时我恰巧察觉到了广州的危机……”

“真的吗？”皮皮笑了，“比如呢？”

“比如，垃圾太多啦！”

“我们实行垃圾分类了。”

“就算那是我推动的呗。”

“……”

“你们还面临网络危机。”

“我们？”

“我准备成立网络安全警察队，这个主意好不好？”

“没创意……”

“对了！还有三体人要来了！”

“什么？”皮皮大惊，“你分不清现实和虚构了……”

“需要成立星际部队！”小羊精灵兴奋起来，“还要建一个特别的空天总部！”

“喂！喂！”皮皮拉了拉那只兴奋的羊，“你醒醒！”

“别吵我！”小羊精灵推开了皮皮，“这事值得做一次专门汇报！召开一次羊国大会！太好了！我要回去争取一下，你就在这儿等我！”

“喂！你去哪儿？羊！羊！”

你说

问题 编号 024

广州会有什么生存危机？

答案一： 广州有 1500 万人，挤出危机啦。

答案二： 超级传染病！

答案三： 台风！

你说

问题 编号 025

如果选一个角色当广州英雄，应该选什么？

答案一： 广州羊。

答案二： 小蛮腰的小蛮。

答案三： 猪猪侠。

长隆国际大马戏

英国“小绅士”

“皮皮，皮皮！”一个声音在耳边呼唤，听着很熟悉，却一时想不起是谁，“我回来了！”

“你从羊国大会回来啦？”皮皮惊喜地问。

“什么羊国大会？”声音笑道，“英国议会还差不多。”

“英国？议会？”皮皮忽然清醒过来，赶紧揉了揉眼睛，眼前站着一位“小绅士”，正微笑看着他的睡姿。

罗宾表哥！

“表哥！”皮皮跳了起来，“你怎么不早点来！”

“发生什么事了吗？”表哥不慌不忙地问，“说来听听。”

“准是他刚做梦去参加了羊国大会。”小叶妈妈笑眯眯地走了过去。

“而且大会上发生了意外。”大果爸爸走过来，“输掉了竞选资格？没能成为英雄？”

“爸爸！”皮皮叫道，“你不要那么幼稚。”

“你做了个神奇的梦，对吗？”罗宾表哥微笑问道。

“是的，梦见一只羊……这不重要，表哥！”皮皮又激动又担忧，“前面四堂课我们全输了！而且我还不知道问题在哪！”

“你梦见四堂课全输了？”表哥惊奇地问，“怎么会有这么让人沮丧的梦？”

“如果是梦就好了。”大果爸爸不失时机地插话。

“都是妈妈的错。”

“关我什么事？”小叶妈妈的声音传来。

“走，一边喝早茶一边理论！”罗宾表哥打断了大家的争吵。

你说

问题 编号026

你觉得四堂课全输的问题是什么？

答案一： 皮皮笨。

答案二： 老师故意的。

答案三： 题目太难。

我来告诉你吧

◆ 广东人经常邀请亲朋好友一起喝早茶，这时候绝不能睡懒觉，因为过了8点可能就找不到位子啦。

◆ 没事的话，早茶可以一直喝上几个小时才走，上茶楼的退休老人家经常这么做。年轻人聊聊天，甚至谈谈生意，也很适合上茶楼。

◆ 以前茶楼是广东人谈生意的场所，务实的广东人跟人喝喝茶吃吃点心，就顺便把生意搞定了。

2000年的秘密

“表哥，你们好像在接头，”皮皮笑嘻嘻地看着转身离开的服务生，“油炸鬼？说！是不是有密谋？”

“有的。”罗宾表哥笑了，“要来一场粤语探秘不？”

“他陷在幻境里出不来了，”小叶妈妈眼里闪过笑意，“看什么都觉得是密谋。”

“他一来到广州，就变成这个样子。”大果爸爸凑过来附和。

“广州是神奇的地方嘛！”罗宾表哥微笑起来。

“表哥，你知道什么？”皮皮突然有点怀疑，“你也上过……”

“我也上过这种课。”罗宾表哥回答。

“那你能看到小羊精灵？”皮皮激动地站了起来。

“我说他分不清现实和梦境了，没说错吧？”大果爸爸哈哈大笑。

“确实有个小羊精灵。”罗宾表哥不慌不忙

我来告诉你吧

◆ 广州的老婆饼里没有“老婆”，煲仔饭里没有“仔”，人头饭其实是“每人一碗饭”，还有很多吓死人的名字哟！

地说，“那是我放在屋里的羊偶呀！”

“粤语是 2000 年前的话，”小叶妈妈说道，“里面有 2000 年来的秘密！”

“什么秘密？”皮皮警惕起来，“我们要怎么探究？”

“先扮成古人！”大果爸爸建议。

“爸爸，你是小孩子吗？”皮皮嫌弃地看了他一眼。

“小孩子也不需要扮演古人，”罗宾表哥笑了，“探究的方法嘛，少年宫有国学班，可以学习各种‘古代的东西’，但不需要扮成古人。也有扮成古人的时候，比如有些学校会举行开笔礼，小孩们在开学第一天早早起床，穿上汉服来到学校，由启蒙老师讲授人生最基本的道理，教导读书、写字，接着参拜孔子像，然后……”

“开始探秘！”皮皮马上说。

“是踏上求知之路。”罗宾表哥笑了，“听说过古代的启蒙教育吗？”

“一定要用古代的话讲，对吗？”大果爸爸插问。

你说 问题 编号 027

粤语里有什么秘密？

答案一： 广东人发财的秘密。

答案二： 2000 年转移路线图！

答案三： 南国接头暗号！

答案四： 我知道了！有海盗王的藏宝密码！

我来告诉你吧

◆ 粤语又叫广东话，俗称白话。香港、澳门地区都讲粤语，很多海外华人也讲粤语。粤语是种神奇的语言哦！

“爸爸！”皮皮忍不住又要吐槽爸爸的幼稚。

“用什么话讲都行，只要讲的是中国文化。”

“我想起来了！”皮皮激动地说道，“表哥刚在英国的学校发表了演讲！”

“刚好是关于语言和文化的一篇演讲，”罗宾表哥笑道，“刚才姨妈说，我们讲的是 2000 年前的话，也不是完全没有道理。2000 年前大量汉人来到南越，他们的语言跟古越语混在一起，就产生了你听不懂的这种粤语。现在全世界讲粤语的人有 1 亿多，香港、澳门地区都讲粤语，很多海外华人也讲粤语……”

“粤剧！岭南印象园有粤剧。”大果爸爸不知从哪儿翻到了消息，“咱们快去听！”

“去粤剧院吧？”皮皮有点信不过爸爸。

“岭南印象园有捏面人。”罗宾表哥偷偷凑过来耳语。

我来告诉你吧

◆ 岭南印象园里会举办各种民俗表演，比如舞狮、英歌舞、吹糖人、捏面人、卖洋烟、卖报、打陀螺……

◆ 园里的街巷、宗祠、民居和店铺都极富岭南特色，还有独特的锅耳墙、蚝壳墙等。

“广州是个暴雨说来就来的地方。”罗宾表哥刚提醒一句，一阵雨忽然落了下来，印象园里的人赶紧跑进亭子，刚好粤剧表演开始了。隔着雨听去，特别有意思。

“表哥，你真神！”皮皮赞叹。

“你只要发现规律，就能‘神’了。”表哥意味深长地说。

“发现规律？”皮皮思索了一会儿，“我们的最后一项挑战是从动漫来到现实，要解决的是生存危机，我想不懂要怎么赢得这个挑战。”

“也许重要的不是赢过别人，”罗宾表哥认真地回答，“而是真正解决危机。”

“真正解决危机？”皮皮回味着表哥的话，似乎捕捉到了什么。

“市区一积水，整个广州就变成水国了。”罗宾笑了，“我觉得这是一个真实的危机。”

“我们设计过南越王宫的排水管道！”皮皮兴奋地说道，“那是我们做得最好的一次，不过……”

“皮皮，你知道取胜的步骤是什么吗？”

“是什么？”皮皮赶紧问。

“就是多输几次。”

“表哥！”皮皮跳了起来，罗宾表哥已经冲进雨里去了。

“今天的探秘主题是什么？”

“生态。”罗宾表哥转头回答。

“如果广州有生态危机，”皮皮气喘吁吁地跟上罗宾表哥，“你觉得会是什么引起的？”

“这个我回答不了，”罗宾表哥在长隆的园区里不断往前走，“我只知道，

不会是恐龙引起的。”

“这里有恐龙？”皮皮的兴致顿时被燃起，“要是我们去到‘侏罗纪森林’，可以见到真恐龙吗？”

“你只能看到恐龙复活的方式。”表哥回答，“不过有丛林大冒险！”

“原来这里也有熊猫，如果熊猫来到广州，”皮皮忍不住笑了，“岂不是要面临真正的生存危机？”

“不，”罗宾摇了摇指头，“它们在广州活得好好的，还生儿育女！长隆有全世界最好的大熊猫馆，2014 年前还生下了全世界唯一存活的熊猫三胞胎……现在还有十几只大熊猫居住在这里。”

“我发现了个秘密！”皮皮忽然笑嘻嘻地说，“这里不但有熊猫，还有考拉！”

“是不是觉得自己来到一个不可思议的地方？”罗宾笑问。

“除了引起恐龙灭绝的那种危机，生态破坏也是人类面临的危机之一，我们还需要探究生态保护……”

“广州真的会有生态危机吗？”

“或许做得不够好，但我们在努力。”罗宾表哥回答，“至于有没有危机，你才是那个回答的人。”

皮皮看着眼前的湿地，草长花开，鸟飞鱼跃，真是让人愉悦。没想到城市中还有这样的好地方。

“湿地生态很重要，”罗宾表哥的声音传来，“比如候鸟迁徙的时候，湿地就是它们的通道。”

“候鸟？”

“以前每到一个节气，我都会到湿地来观察动植物，然后记录下来。很多节气可以观察到飞鸟的来去、草木的变化。”

“表哥，”皮皮连忙说道，“我想看你的记录！”

“记录？”表哥转头看着皮皮，“我的笔记里可都是秘密……”

“什么秘密？”

“比如取胜的秘密呀！”表哥神秘地笑了。

想听我们广州孩子“讲古”吗？扫我呀！

你也可以来这里写你的故事哦！

罗宾表哥的一年

广府庙会上

参加生菜会

波罗诞庙会

年末逛花市

小王子爆笑日记

开学了，天气是台风！台风！大大的台风！我要去上最讨厌的英文课了。第一节课，考试10分钟！

10分钟后试卷发回，哟！鸭蛋到手！实在容易！不过老师是新来的——布比老师？Miss Pro？说话居然没有一刻停下来，啊~~~听得我有点犯困了……

回家后，又被“父王”轰炸了一顿，不就是考了个零分而已吗……进步空间好大的啊！为啥他一点都不高兴？

我的个神啊！突然就成了重点保护对象！被Miss Pro扔了一堆英文书来读，应该我不高兴才对吧？噢！好像没几页能看懂啊……这可怎么办？

（托腮幻想中……）

我：快给本王子下个音频压压惊。

书童：皇上下令，殿下读书的事情要自己弄。

我：好烦……

怎么还没下载完？咦？都半夜了，台风奥特曼终于来啦！断了！宫里没网？大大的好！可以滚去睡觉啦！

（英语学渣出场，切勿模仿！）

你的专属挑战：寻找小王子

小王子私密档案

生于公元2025年。
居住于中国·广东·广州·越秀区。
英文零分。
友人（按接触度排列）：南国君、岭南君、越秀山君。
最喜欢随越秀山君出游，最害怕疯狂星球人来访（严重影响学习计划啊）。

小王子在本书某个公众号上等你，快去找TA，如果你找到了TA，记得让TA推荐基地哦！找到TA就等于找到组织，你懂的……

“皮皮！皮皮！第五堂课！”

皮皮连忙睁开眼睛，这才看清耳朵发生了什么事。

“你抓我耳朵干吗？快放下！”

小羊精灵松开爪子，皮皮疼痛的右耳一阵轻松。

“你一直没反应，我只好出猛招啦。”小羊精灵委屈地说道。

“明明是你一直没来见我，”皮皮十分惊诧，“我一直找不到你，还以为你食言了呢。”

“食什么言？”

“你不是说，我是这个假期最重要的小行者吗？”

“是的，你的记忆很正常。”

“可是……我输了四堂课。”

“我知道。”小羊精灵回答。

“不过最后我从虚拟回到现实了！”皮皮高兴起来，“第五堂课我们赢了！”

“说实话，没有人会输掉这堂课，”小羊精灵不慌不忙地点评，“因为大家迟早都会回到现实呀！而且，我听说你找了个帮手！”

“帮手？”皮皮一惊，“不，罗宾表哥不是……”

“他又有个特别任务，马上要出发去希腊！”

“啊！”皮皮瞬间明白了什么，“罗宾表哥是……”

“不管怎样，”小样精灵打断了他的话，“恭喜你晋级了！”

小羊精灵猛地不见了，皮皮惊叫一声，这才发现自己坐在一列“海上丝绸之路”地铁里，左耳还被脑袋压得一阵阵疼。

“你又做梦了。”小叶妈妈笑道，“做了好梦？”

“好梦还是噩梦，我还不知道呢！”皮皮赶紧揉了揉眼睛。

“我们的下一站是哪儿？”大果爸爸兴致勃勃地问。

“下一站？”皮皮惊奇地看向妈妈。

“等通知信呗！”小叶妈妈脸上浮现微笑。

你说 问题 编号028

皮皮做的是什么梦？

答案一： 白日梦。

答案二： 美梦。

答案二： 中国梦。

你说 问题 编号029

皮皮下一站去哪儿好？

答案一： 去丝绸之路的下一站呗。（可以去泉州、福州、海口……还可以去意大利的威尼斯哦！）

答案二： 去南海沉船找宝贝！（中国南海下就埋藏着超过2000艘沉船，里面必定有很多宝贝……）

图书在版编目（CIP）数据

少年去旅行：广州 / 方未艾著；新开明编. —广州：广东旅游出版社, 2020.7
ISBN 978-7-5570-1664-7

Ⅰ. ①少… Ⅱ. ①方… ②新… Ⅲ. ①广州－概况－青少年读物 Ⅳ. ①K926.51-49

中国版本图书馆CIP数据核字(2018)第296253号

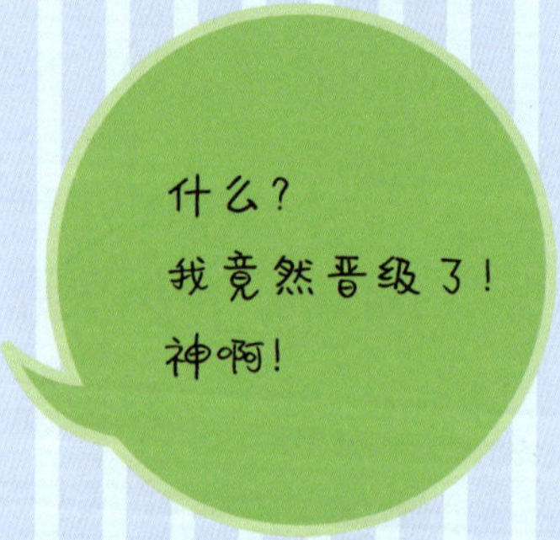

出 版 人：刘志松
策划编辑：方银萍
责任编辑：方银萍
手绘插画：啊no（周韵诗） 水叮当
供　　图：摄图网等
装帧设计：李红泉 谭敏仪
责任技编：冼志良
责任校对：李瑞苑

少年去旅行：广州 ShaoNian Qü LüXing.GuangZhou
广东旅游出版社发行
（广州市越秀区环市东路338号银政大厦西楼12楼）
邮购电话：020-87348243
广州市岭美文化科技有限公司印刷
（地址：广州市荔湾区花地大道南海南工商贸易区A幢）
889毫米×1194毫米 20开 6印张 100千字
2020年7月第1版第1次印刷
定价：35.00元